So funktioniert das Wetter

Dieter Walch

So funktioniert das Wetter

blv

INHALTSVERZEICHNIS

Wie der ZDF Wetterbericht entsteht 6
Wie das Wetter in die Redaktion kommt 7
Der Computer – des Meteorologen Freund 9
Die »Spagetti-Methode« bringt mehr Sicherheit 10
Seit wann das Wetter berechnet wird 11
Wie ein Modell funktioniert 12
Was in einem Wettercomputer passiert 13

Wie die Sonne unser Wetter macht 16
Energieproduzent Sonne 17
Warum wir Jahreszeiten haben 18
Warum der Sommer erst am 21. Juni beginnt 20

Mit Sonnenlicht fängt alles an 22
Wie das Gleichgewicht funktioniert 25
Die Jahresbilanz der Erde 27
Wie Wärme transportiert wird 28
Warum es erst nachmittags am wärmsten ist 31

Wasser ist nicht gleich Wasser 32
Wie Wasser Energie transportiert 33
Wieso der Kühlschrank kalt wird 34
Wann die Luft »satt« ist 34
Über feuchte Luft und Dampfdruck 34
Was Tau, Nebel und Wolke gemeinsam haben 36
Wie Luft »satt« wird 36
Wie Wolken wachsen 37
Ordnung in der Wolkenvielfalt 38
Was die Wolken zeigen 38
Wie die Wolkenfamilien heißen 38
Wie Nebel entsteht 47

Wie Niederschläge entstehen 52
Wie ein Wolkentröpfchen wächst 53
Das Entstehen von Eiskristallen 55
Wie Regen ohne Eis entsteht 57
Was sich alles niederschlägt 58
Wie es bei blauem Himmel schneien kann 63
Gefrierender Regen 63

Warum der Wind weht 64
Was beim Luftdruck drückt 65
Was die Schwerkraft bewirkt 66
Wie der Luftdruck gemessen wird 66
Warum der Pilot seine Flughöhe kennt 68
Wie der Druck verglichen wird 71
Was die Luft bewegt 71
Wie der Wind „geostrophisch" wird 73
Wie es um Hochs und Tiefs weht 74
Die Kleinigkeiten machen das Wetter 75
Wenn der Wind am Boden weht 75
Die „Schraubenzieher" Regel 76
Was für Winde wehen 77

Die lokalen Windsysteme 78
Wie warme und kalte Luft zirkulieren 79
Wie Land- und Seewind wehen 80
Wie Reibung Wolken erzeugt 82
Berge und Täler haben ihre eigenen Winde 83
Wie Fallwinde Autos ins Meer schleudern 83
Warum Regen und Föhn zusammengehören 86
Wenn Luft sich wie Wasser und Öl verhält 87
Wo der Föhnsturm tobt 88
Wüstenwind gibt es nicht nur in der Wüste 89
Wenn der Mistral durch das Rhonetal fegt 90
Unberechenbare Winde über dem Mittelmeer 91

Kurioses und Wissenswertes aus der Wetterküche

Das »Blue-Box«-Verfahren 8
Der »Schmetterlings-Effekt« 11
Für Computer-Freaks 15
Etwas Griechisch hilft weiter 18
Warum das Sommerhalbjahr länger ist 21
Der »Wärmetod« 23
Die abgestrahlten Wellenlängen 24
Temperatur und Energie 25
Achtung! Es wird exponentiell 35
Tornados – der Hölle nahe 46
Niederschlagsrekorde 54
Die »Wasserkraftwerke« 57
Den Tränen nahe 63
Die Luftpumpe macht es deutlich 65
Druckrekorde 67
Warum die Insel Sylt bevorzugt ist 81
Warum der Gardasee bei Surfern beliebt ist 84

Wo die Eiseskälte weht 85
Wenn die Temperatur Sprünge macht 89
Frischer Wind für Rätselfreunde 91
Temperaturrekorde 98
Die Höhenwetterkarte 101
Die globale Erwärmung 110
Das gewagte globale Experiment 112
1816 – das Jahr ohne Sommer 113
El Niño – das jetzt berechenbare Kind 114
Ozeane – die Energiespeicher 116
Wirbelstürme – die größten Kraftmaschinen
    der Welt 118
Das paradoxe Ozon 121
Bericht von Robert T. Watson, Vorsitzender des
    IPCC, vor dem Exekutivrat der WMO
    am 19. Mai 2000 122

Wie im Kleinen so im Großen 92
Warum wir mit Schallgeschwindigkeit
    »fliegen« 94
Wie der Wärmetransport
    am Äquator funktioniert 94
Der kalte Bruder im Polargebiet 95
Warum konstantes Wetter Extreme hervorruft 95
Wie der tropische Regenwald entstand 96
Wie die Wüstengürtel entstanden 97
Was zwischen 30° und 60° passiert 99
Warum das Wetter im Sommer ruhiger ist 102
Das Tief als notwendiges Übel 103
Das wechselhafte Wetterspiel 104

Warum sich das globale Klima ändert 108
Was Astronomie und Geologie
    mit dem globalen Wetter zu tun haben 109
Von Wechselwirkungen und Rückkopplungen 115
Wie Ozeane wirken 115
Wie der Treibhauseffekt funktioniert 117
Wie das »Ozonloch« entsteht 119
Was uns in diesem Jahrhundert bevorsteht 121

Nachwort 124

Register 125

Häufig 70, manchmal 90 und in Ausnahmefällen auch 120 Sekunden – so lange dauert der **Wetterbericht**. Da stehe ich vor einer Europakarte, zeige auf Hochs und Tiefs, erzähle Ihnen ein bisschen über das Wetter der kommenden Nacht und des morgigen Tages, wie kalt oder warm es werden soll und zum Schluss noch ein kurzer Ausblick auf die nächsten Tage. Das war's dann schon!

Was so einfach aussieht, ist hinter der Kamera konzentrierte Arbeit als Meteorologe, Journalist und Grafiker.

Wenn ich glaube, das Wettergeschehen im Griff zu haben, werde ich vom Meteorologen zum Journalisten. Wie jeder aus eigener Erfahrung weiß, ist das Wetter bei uns in Mitteleuropa sehr wechselhaft oder – positiv ausgedrückt – sehr abwechslungsreich. Wie kann ich diese Vielfalt an Wetterinformationen bündeln, um Ihnen in Flensburg, Dortmund, Cottbus, Mannheim, Nürnberg, Garmisch oder wo auch immer Sie zu Hause sind in den wenigen Sekunden des Wetterberichtes trotzdem noch nützliche Hinweise über das zukünftige Wetter zu liefern?

Die Gegend, wo sich das Wetter gegenüber heute am stärksten ändern soll, wird in den Vordergrund gestellt; die Regionen, in denen das Wetter morgen ohne Besonderheiten einfach vor sich hin plätschert, werden nebenbei in einem Halbsatz erwähnt.

Nun muss ich mich noch als Grafiker betätigen. Da Informationen zu 85 % visuell, d.h. über die Augen, aufgenommen werden, sind klare und eindeutige Wetterkarten enorm wichtig. Das Problem liegt darin, dass das Wetter sowohl räumlich als auch zeitlich sehr stark variiert, also ein 4-dimensionales, sich ständig wandelndes Gebilde darstellt. Und das muss wegen der Kürze der Sendezeit plakativ auf 2-dimensionale Karten reduziert werden.

Wenn ich mit den Ergebnissen zufrieden bin, wird die Reihenfolge der Wetterkarten festgelegt und mit der Stoppuhr getestet, ob ich mit der vorgegebenen Sendezeit auskommen werde. Ein letzter Blick auf die neuesten Wettermeldungen – zum Glück keine Überraschungen –, schnell in die Maske zum Pudern, damit im Scheinwerferlicht die Haut nicht glänzt wie eine Speckschwarte, und dann ab ins Studio.

Wie das Wetter in die Redaktion kommt

Zunächst muss ich mir einen Überblick über das vielfältige Wettergeschehen verschaffen. Da meldet Ulm dichten Nebel, auf Rügen scheint die Sonne, in Köln blitzt und donnert es, während das Radar zeigt, dass über der Nordsee dichte Wolken mit Nieselregen heranziehen. Das Satellitenbild lässt erkennen, dass diese Wolken zu einem Tiefdruckwirbel bei Island gehören.

Und nach den Computer-Modelldaten soll dieser Tiefdruckwirbel morgen kalte Luft mit Sturm und viel Regen über Mitteleuropa hinwegtreiben. An der Westküste Schottlands fällt der Druck schon sehr schnell und der Südwestwind bläst mit 80 km/h.

Im Rahmen des WWW (World Weather Watch) messen verschiedene Systeme das aktuelle Wetter.

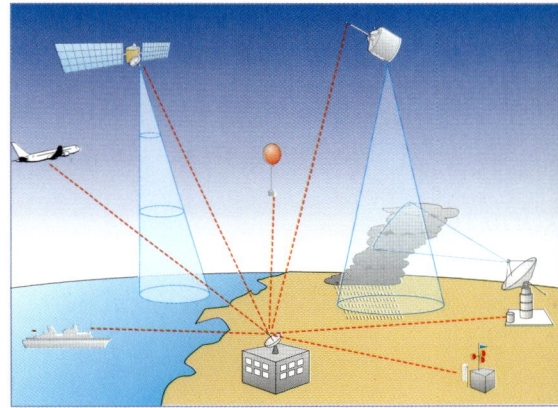

Das »Blue-Box«-Verfahren

In den meisten TV-Sendern werden die Wetterberichte mit dem so genannten **»Blue-Box«**-Verfahren produziert. Die Wandfarbe hinter dem Wetter-Moderator – meist ist es ein ganz bestimmtes Blau – wird durch einen Filter ausgeblendet und so für die Kamera »unsichtbar«. In diese »Blue-Box« werden nun die Wetterkarten eingespielt. Über Monitore links und rechts der »Blue-Box« kann der Wetter-Moderator kontrollieren, was er zeigt.

Beim ZDF verwenden wir eine abgewandelte Form. In die blaue Wand ist ein Projektionsschirm eingelassen, auf dem das Bild erscheint, das die Kamera aufnimmt. Obwohl das Bild nur ganz schwach ist, kann ich aber meine eigene Hand sehen und deshalb sehr genau zeigen.

In diesem kurzen Situationsbericht sind die 4 wichtigen Hilfsmittel für die Arbeit der Meteorologen enthalten:

- Stationsmeldungen,
- Radardaten,
- Satellitenbilder und
- Modelldaten von den Supercomputern.

Der Blick zum Himmel war früher die einzige Möglichkeit, das Wetter zu erahnen und manchmal auch für den nächsten Tag vorherzusagen. Doch für tägliche gute Vorhersagen genügt das nicht. Neben dem Blick hinter den Horizont muss der Meteorologe mehr über die Atmosphäre kennen, als ihm Wolken, Wind und Regen erzählen können.

Eine Vorhersage für morgen erfordert schon den Blick auf das Wettergeschehen in ganz Europa und über dem Ostatlantik. Für eine 3-Tages-Vorhersage muss der Meteorologe beachten, was sich in Nordamerika abspielt und eine Wochenvorhersage kann nur dann vernünftig erstellt werden, wenn das Wetter weltweit in die Berechnungen einbezogen wird.

Dazu wurden im Laufe des letzten Jahrhunderts weltweit rund 10 000 **Wetterstationen** eingerichtet, an denen zu bestimmten Zeiten das aktuelle Wetter gemessen und beobachtet wird. Diese Daten werden über ein Netz weltweit ausgetauscht, sodass ich jederzeit über das aktuelle Wetter in allen Teilen dieser Welt Bescheid weiß. Wenn ich im ZDF die Meldung erhalte, dass es in Sydney hagelt, dann wissen dies zur gleichen Zeit auch meine Kollegen in New York, Moskau oder Nairobi.

Die technologische Entwicklung nach den 60er Jahren hat den Wetterhorizont wesentlich erweitert. **Radardaten** liefern Informationen über Intensität und Zugrichtung von Regen, Hagel und Schnee. Alle 15 Minuten erhalten wir vom Deutschen Wetterdienst (DWD) ein Bild der Radarechos über Deutschland.

Die **Wettersatelliten** zeigen das Wettergeschehen über den riesigen Ozeanen. Da rund 70 % unseres Wetters vom Atlantik heranzieht, hat die Qualität der Vorhersage mit Hilfe der Satellitenbilder beträchtlich zugenommen. Das ZDF hat eine eigene Empfangsstation, über die wir alle 30 Minuten ein Bild der Bewölkungsverhältnisse über Europa, Atlantik und Afrika erhalten, das der europäische Wettersatellit METEOSAT aufgenommen hat. Zusätzlich werden über diesen Satelliten auch Bilder übermittelt, die andere Wettersatelliten über dem Indischen Ozean, dem Pazifik und dem Westatlantik aufnehmen.

Der Computer – des Meteorologen Freund

Aber auch die besten und detailliertesten Informationen über das lokale und weltweite aktuelle Wetter genügen nicht für eine Vorhersage des morgigen Wetters und erst recht nicht, wenn es um den Wetterverlauf der nächsten Tage geht.

Da spielen zu viele Dinge eine zusätzliche Rolle, die Sie in diesem Buch noch kennen lernen:

- Wie die Sonne die Erdoberfläche unterschiedlich erwärmt,
- wie Warm- und Kaltluftmassen entstehen,
- was Luftdruckunterschiede hervorruft und Winde erzeugt,
- was die Drehung der Erde bewirkt und
- wie die Phasenänderungen des Wassers nicht nur für Wolken, Regen und Schnee sorgen, sondern auch die Luft erwärmen oder abkühlen können.

All diese verschiedenen Prozesse beeinflussen sich auch noch gegenseitig und produzieren letztendlich das Wetter, das Sie tagtäglich erleben. Um diese Unmenge an Daten und Prozessen zu verarbeiten, werden sie in mathematisch-physikalische Gleichungen gepackt und als Wetter-Vorhersagemodell für die Computer der Wetterdienste programmiert.

Nur die schnellsten und leistungsfähigsten Computer sind in der Lage, solche Vorhersagemodelle in einer verhältnismäßig kurzen Zeit zu rechnen. Diese **Supercomputer** haben mit Ihrem PC zu Hause wenig gemein. Sie müssen Gleichungen lösen, die komplizierter sind als diejenigen, mit denen z.B. Ingenieure das Verhalten von Flugzeugen simulieren.

Ein Bild des amerikanischen NOAA-Satelliten. Dieser fliegt auf einer polaren Bahn in etwa 2 Stunden um die Erde.

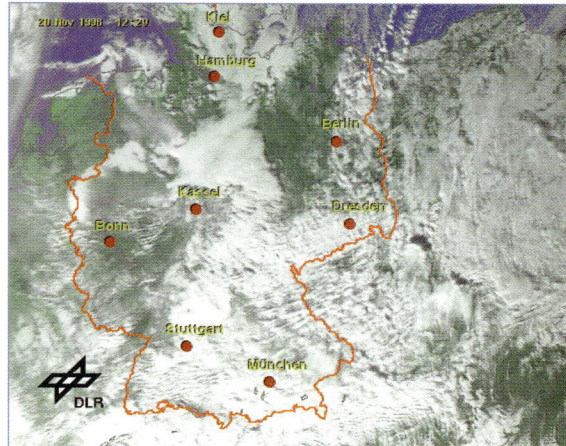

Diese numerischen Modelle berechnen, was die Atmosphäre an bestimmten Punkten innerhalb eines großen Gebietes tun wird bis hin zur gesamten Erde und von der Erdoberfläche bis zur Obergrenze der Atmosphäre. Je mehr von diesen **»Gitterpunkten«** vorhanden sind, umso besser wird das Modell Einzelheiten berechnen können. Bei wenigen Gitterpunkten fallen viele Wettererscheinungen wie durch ein Sieb. Durch die Leistungsexplosion sind Computer heute in der Lage, sehr detaillierte Modelle zu rechnen.

Wenn nach 5 Tagen die Vorhersagen verschiedener Modelle für die Windverteilung im Strahlstrom wie ein Teller Spagetti (Bild oben) aussehen, ist keine exakte Vorhersage möglich. Das Bild unten zeigt konstantere Verhältnisse, die aber bezüglich der Vorhersage auch ihre Tücken haben können (vgl. Text).

Die »Spagetti-Methode« bringt mehr Sicherheit

Doch mit noch so vielen Gitterpunkten und detaillierten Modellen wird es nie möglich sein, zu 100 % richtige Vorhersagen zu liefern. Jede Vorhersage – nicht nur beim Wetter – ist mit einem mehr oder weniger großen Fehler behaftet. Das ist eine der fundamentalen Aussagen der »Chaos-Theorie«. Danach wird es niemals möglich sein, das Wetter detailliert über etwa 2 Wochen hinaus vorherzusagen.

Aber schon bei der Vorhersage für den nächsten Tag verhält sich das Wetter manchmal wie ein widerspenstiges Kind. Da entwickelt sich das Wetter wochenlang wie erwartet, um plötzlich entgegen allen Vorhersagen eine ganz andere Richtung einzuschlagen. Am nächsten Tag heißt es dann: »Was habt ihr denn wieder vorhergesagt?«

Wir sagen ja nicht bewusst ein falsches Wetter vorher oder lügen die Zuschauer an. Eine Lüge setzt ja voraus, dass man die Wahrheit kennt! Und die gibt die Atmosphäre manchmal nicht preis. Um solche überraschenden Wetterentwicklungen wenigstens im Voraus zu erahnen, bedienen sich die Meteorologen der »Spagetti-Methode«.

In der ZDF-Wetterredaktion vergleichen wir die Modell-Ergebnisse verschiedener Wetterdienste. Trägt man z.B. den Strahlstrom – ein schmales Band hoher Windgeschwindigkeit in 6–9 km Höhe – in eine Karte, ergibt sich ein Bündel von Linien. Liegen die Linien eng beieinander, dürfte die Vorhersage verlässlich sein. Sieht das Bild aber für den 5. Vorhersagetag wie ein Teller Spaghetti aus, ist bei der Vorhersage Vorsicht geboten. Ich scheue mich in solch einem Fall auch nicht, meinen Wetterbericht mit den Worten zu beginnen: »Wie das Wetter im Einzelnen wird, weiß ich nicht.«

Zum Glück laufen die Linien in den meisten Fällen zwar auseinander, folgen aber einem bestimmten Grundmuster. Doch kleinste Differenzen können an einem Ort zu völlig unterschiedlichem Wetter

Der »Schmetterlings-Effekt«

Wir Meteorologen sprechen vom »Schmetter-lings-Effekt«, um die Auswirkungen der Chaos-Theorie auf das Verhalten der Atmosphäre zu be-schreiben: »Wenn ein Schmetterling in Florida mit den Flügeln schlägt, kann das zur Folge ha-ben, dass wir in Mitteleuropa Schnee schaufeln müssen.«

Wir wissen noch nicht, ob so ein Schmetterling wirklich das Wetter beeinflussen kann, aber si-cher ist, dass sich unter bestimmten Bedingun-gen kleinste Vorgänge in der Atmosphäre lawi-nenartig aufschaukeln und Stärke sowie Zug-bahn von Tiefdruckwirbeln verändern können.

Diese **Chaos-Theorie** geht auf **Edward Lorenz** zurück, der Anfang der 60er Jahre am berühmten MIT (Massachusetts Institute of Technology) an der mathematischen und theoretischen Lösung von Wetterphänomenen arbeitete.

Eines Tages wollte er ein numerisches Modell noch einmal durchrechnen lassen. Da die Com-puter bei weitem noch nicht so leistungsfähig waren wie heute, startete er das Modell nicht am Anfang, sondern zu einem späteren Zeitpunkt, indem er die Ergebnisse des ersten Laufes zu die-sem Zeitpunkt per Hand eingab. Der Computer rechnete auf 6 Stellen hinter dem Komma, druckte aber nur 3 Stellen aus und die gab Lo-renz ein.

Schon nach wenigen Zeitschritten änderten sich die Ergebnisse gegenüber dem ersten Lauf dras-tisch und ergaben am Ende ein völlig anderes Muster. Dieses unerwartete Ergebnis zeigte Lo-renz, dass Wettersysteme »eine sehr empfindli-che Abhängigkeit von den Anfangsbedingungen zeigen«, wie er später schrieb.

führen. Hier ist dann die Erfahrung des Meteorolo-gen gefragt und er wird sich je nach Wetterlage für eine bestimmte Vorhersage entscheiden. Ob es die richtige war, wird sich allerdings erst am nächsten Tag zeigen.

Seit wann das Wetter berechnet wird

1904 hatte der Norweger **Vilhelm Bjerknes** erstmals formuliert, wie mit Hilfe von mathematischen Glei-chungen eine Vorhersage des großräumigen Verhal-tens der Atmosphäre möglich sein müsste.

Aber erst 1922 versuchte **Lewis F. Richardson** eine Vorhersage durch Lösung dieser mathematischer Gleichungen, indem er die zeitlichen und räumlichen Ableitungen durch endliche Differenzen ersetzte.

Nach monatelangen Rechnungen hatte er gerade einmal eine einzige 6-stündige Vorhersage fertig. Al-lerdings waren die errechneten Druckänderungen unrealistisch hoch. Dies lag – wie wir heute wissen – an physikalisch falschen Modellannahmen und rein mathematischen Problemen. Damals jedoch hatte der Fehlschlag dieser unglaublichen Rechen-leistung zur Folge, dass für einige Jahrzehnte die nu-merische Wettervorhersage als nicht machbar ange-sehen wurde.

Erst 1949 bewies der amerikanische Meteorologe **J. Charney**, dass unter bestimmten Annahmen eine Kurzfrist-Vorhersage möglich sein müsse. Und mit den ersten elektronischen Rechenanlagen hat er im darauf folgenden Jahr die erste numerische Wetter-vorhersage erstellt. Es dauerte dann nur noch weni-ge Jahre, bis Wettervorhersagen auf der Basis von mathematisch-physikalischen Modellen in allen großen Wetterdiensten gerechnet wurden.

Das Modell, mit dem J. Charney 1950 die erste Wet-tervorhersage berechnete, teilte die Atmosphäre in 2 Schichten und wurde deshalb auch das 2-Schich-ten-Modell genannt.

Wie ein Modell funktioniert

Warum berechnete Richardson unrealistisch große Druckänderungen? Die Antwort auf diese Frage brachte den Durchbruch der numerischen Wettervorhersage. Wenn der Druck am Boden durch das Gewicht der darüber befindlichen Luftsäule bestimmt wird, dann müssen innerhalb dieser Luftsäule Kompensationen stattfinden, um zu realistischen Druckänderungen zu gelangen, d.h. wenn durch Luftzufuhr am Boden der Druck steigt, dann muss irgendwo oberhalb Luft aus der Säule herausfließen.

Um diese Überlegung in ein Modell umzusetzen, teilte man die Atmosphäre in 2 Schichten, die wie Zwiebelschalen die Erde einhüllen sollten. Die untere Schicht reichte dabei vom Boden bis etwa 5 km Höhe. Die obere Schicht reichte theoretisch bis zur Obergrenze der Atmosphäre; praktisch war bei etwa 20 km Schluss, denn darüber ist kaum noch Luft vorhanden. Damit war das so genannte **2-Schichten-Modell** geboren.

(Wie Sie später noch sehen werden, hat die Teilung der Atmosphäre bei 5 km Höhe einen bestimmten Grund. Der Luftdruck nimmt nämlich exponentiell mit der Höhe ab, was dazu führt, dass sich unterhalb von etwa 5000 m schon die Hälfte der gesamten Luftmasse befindet.)

Sie werden sich vielleicht noch aus der Schulzeit erinnern, dass räumliche und zeitliche Änderungen

Mit dem 2-Schichten-Modell wurde 1950 die erste numerische Wettervorhersage gerechnet. Die Atmosphäre wurde in Boxen geteilt. Strömte mehr Luft in eine Box als wegfloss, stieg der Überschuss nach oben oder sank nach unten.

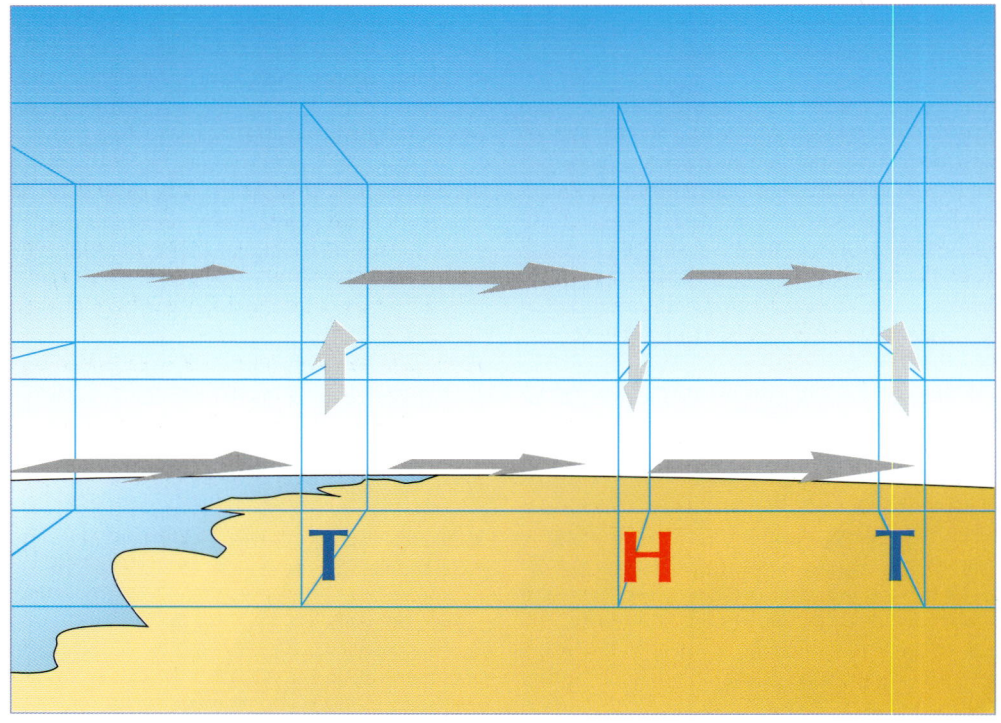

einer Größe mit Hilfe der Differenzialrechnung bestimmt werden. Da gab es dann Probleme sich vorzustellen, wie der räumliche oder zeitliche Abstand gegen Null gehen soll und trotzdem eine Größe sich ändern kann.

Was man dann doch irgendwann kapierte und auf dem Papier auch funktionierte, stellt sich in der Praxis als großes Problem dar. Denn wie soll die Atmosphäre in unendlich viele kleine Raumsegmente geteilt werden? Und um die Änderung einer Größe berechnen zu können, muss diese Größe erst einmal gemessen werden. Auch das kann nicht an unendlich vielen Punkten in der Atmosphäre geschehen.

Um dieses praktische Problem zu lösen, wurden die Differenziale durch endliche Differenzen ersetzt, wobei der horizontale Abstand zweier Punkte rund 250 km betrug. Das 2-Schichten-Modell bestand also aus einzelnen Boxen mit einer 250 km mal 250 km großen Grundfläche, wobei die untere Box 5 km, die obere 15 km hoch war.

Nun wurde berechnet, wie viel Luft auf der einen Seite in die Box hineinströmte und auf der anderen Seite herausfloss. Dabei wird unterstellt, dass Luft weder verschwinden noch aus dem Nichts entstehen kann. Wenn also zwischen Massenzu- und -abfluss ein Unterschied besteht, muss die Differenz durch die Box darüber oder darunter ausgeglichen werden, d.h. Luft muss durch die Grenze zwischen den beiden Schichten aufsteigen oder absinken.

Was so einfach klingt, war in der Praxis allerdings schwer umzusetzen und das liegt an den unterschiedlichen Größenordnungen. Der Wind, der den horizontalen Lufttransport bestimmt, ist nämlich wesentlich stärker als der vertikale Austausch zwischen den Boxen. Kleine Fehler bei der Windbestimmung wirken sich deshalb sehr stark auf die Größe des vertikalen Austausches aus und können sogar zu Änderungen des Vorzeichens führen; d.h. statt aufzusteigen würde die Luft sinken und das bedeutet ein völlig anderes Wetter, wie wir später noch sehen werden.

Was in einem Wettercomputer passiert

Wir stellen uns vor, dass unser 2-Schichten-Modell als virtuelles Haus im Computer existiert und aus Erdgeschoss, erstem Stock bei 5 km und Obergeschoss bei 20 km besteht. Die Anzahl der Büros für das Gebiet Europa und Nordatlantik, das im ZDF-Wetterbericht zu sehen ist, beträgt etwa 720 und in jedem Büro sind 6 Personen beschäftigt. Insgesamt hat unser virtuelles Haus also 4320 Mitarbeiter.

Dazu gehören noch Leute, die das angelieferte Material sortieren und prüfen und welche, die zum Schluss die fertige Ware für den Versand an die Kunden fertig machen.

Die Eingangskontrolle

Sie wissen durch die Chaos-Theorie, dass kleine Anfangsfehler zu eklatant unterschiedlichen Ergebnissen führen können. Also muss eine strenge Qualitätskontrolle der angelieferten aktuellen Mess- und Beobachtungsdaten erfolgen.

Doch selbst die strengste Qualitätskontrolle kann nicht verhindern, dass alleine durch die unterschiedlichen Messmethoden Fehler im Ausgangsmaterial vorhanden sind. Da wird die Lufttemperatur z.B. mit ganz unterschiedlichen Systemen gemessen:

- an den normalen Bodenstationen mit einem Quecksilber-Thermometer,
- an automatischen Stationen dagegen mit einem Bimetall-Thermometer,
- auf Schiffen bewegt sich das Thermometer langsam,
- in Flugzeugen entsprechend schnell und
- in Radiosonden pendelt es beim Aufsteigen bis etwa 30 km Höhe wie ein Kuhschwanz unterhalb des Ballons.

Jedem Messingenieur würden sich bei diesem Ausgangsmaterial die Haare sträuben.

Aber auch dieses Problem haben die Meteorologen mit einem Trick einigermaßen in den Griff bekommen. Sie starten ein Modell nicht neu, wenn aktuelle Daten einlaufen, sondern sie vergleichen die für den Zeitpunkt der Messung vorhergesagten Werte und passen sie den aktuellen Werten an.

So kann zusammmen mit anderen mathematischen Tricks der Anfangsfehler minimiert, aber nie ganz beseitigt werden!

Die Produktion

Die 6 Mitarbeiter in jedem Büro lösen nun die Gleichungen, die das gesamte Wettergeschehen bestimmen:
1 berechnet die West-Ost-Komponente des Windes,
2 berechnet die Nord-Süd-Komponente des Windes,
3 berechnet den Massenzu- oder -abfluss,
4 berechnet den Wärmezu- oder -abfluss,
5 berechnet den Transport von Wasser und die Umwandlung in gasförmig, flüssig, oder fest,
6 berechnet Lufttemperatur, Druck und Dichte.

Der Zeitplan für die Berechnungen richtet sich nach den Aufstiegszeiten der Radiosonden. Diese werden überall auf der Welt zweimal am Tag zur gleichen Zeit um 00 z (Greenwich-Zeit) und 12 z gestartet. Etwa 3 Stunden später liegen in jedem unserer 720 Büros alle Daten vor.

In jedem Büro wird nun berechnet, wie sich das Wetter am Ort vom Zeitpunkt des Radiosonden-Aufstieges z.B. 00 z bis 00:10 z geändert hat. Dazu stehen aber nur einige Sekunden zur Verfügung.

Wenn die Zeit vorbei ist, werden die Ergebnisse an die benachbarten 4 Büros weitergegeben und zusätzlich an die Büros darüber oder darunter.

Mit den neuen Daten werden nun die Änderungen des Wetters für 00:20 z, dann für 00:30 z und so

Ein numerisches Modell ist ein »virtuelles« Haus, in dem viele Mitarbeiter die einlaufenden Wetterdaten kontrollieren, verarbeiten, umfangreiche Rechnungen durchführen und 2-mal am Tag Vorhersagen liefern.

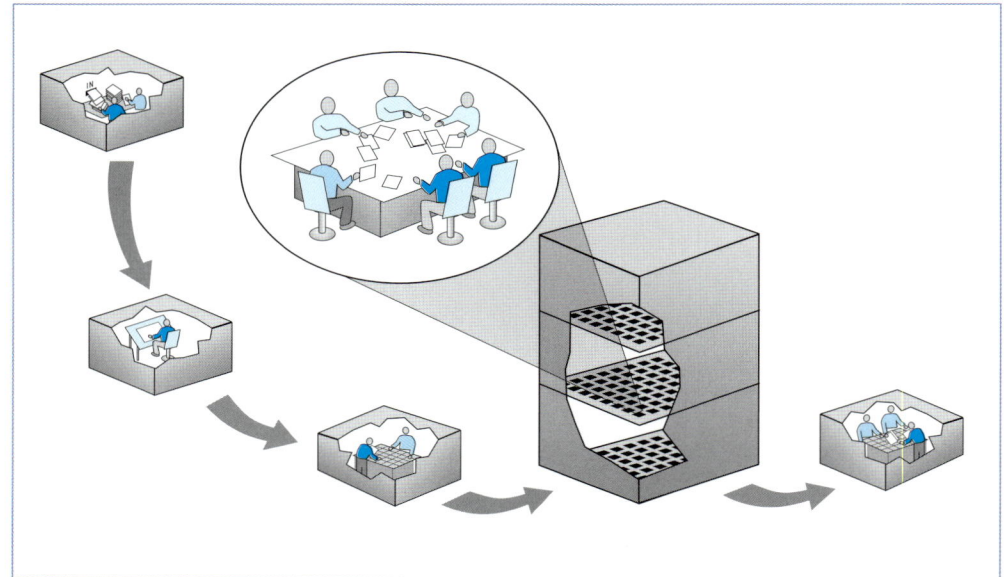

weiter in 10 Minuten Schritten bis 12 Stunden im Voraus berechnet. Dann schicken die Büros alle Daten zum Warenausgang und rechnen nun die Vorhersage weiter bis 24, 36, 48 und 72 Stunden nach dem ersten Starttermin. Und diese Berechnungen müssen alle Mitarbeiter zweimal am Tage durchführen. Einmal am Tage wird sogar die Vorhersage auf 10 Tage berechnet.

Der Warenausgang

Die Ergebnisse aus den einzelnen Büros werden auf Karten gedruckt und daraus werden dann die verschiedensten Wetterkarten erstellt und Texte mit Zusatzinformationen geschrieben. Diese Karten und Texte werden dann an Wetterbüros überall in der Welt verschickt.

Auch beim Wetter gibt es Hochhäuser

Die rasante Entwicklung der Computertechnologie in den letzten Jahren hat der numerischen Wettervorhersage sehr geholfen. Mit der explosionsartigen Zunahme der Rechnergeschwindigkeit und der Speicherkapazität konnte die Atmosphäre in immer mehr »Zwiebelschalen« unterteilt und in jeder Schicht immer mehr Boxen eingerichtet werden.

Damit war es möglich, die Erdoberfläche mit ihrer Vielfalt an Bergen und Tälern besser im Modell abzubilden, kleinräumigere atmosphärische Prozesse einzubauen und so detailliertere Wettervorhersagen zu rechnen.

Das derzeitige globale Modell (GM) des DWD wäre ein Hochhaus mit 31 Stockwerken. Allein im Europa/Nordatlantik-Flügel befänden sich auf jedem Stockwerk 23 000 Büros. Bei weiterhin 6 Mitarbeitern pro Büro wären also in unserem virtuellen Wetter-Hochhaus 4,3 Millionen (!) Personen beschäftigt.

Aus mathematischen Gründen wird heute auch kein rechteckiges Gitter mehr über die Erde gelegt, sondern ein Dreiecksgitter mit jeweils einer Ecke am

Nord- und am Südpol. Je nach Modellauflösung werden die Dreiecksseiten in Intervalle unterteilt, wobei die Intervallanzahl »ni« eine Zweierpotenz ist.

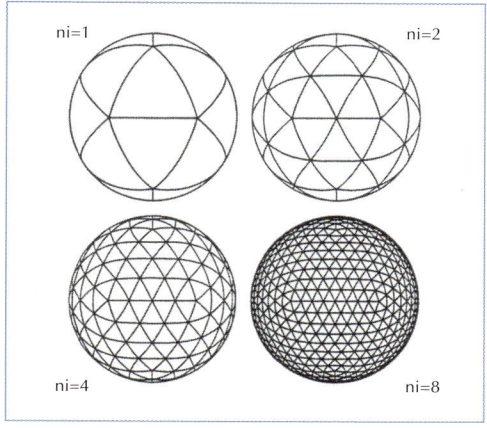

Gitternetz eines numerischen Modells.

Beim **globalen Modell** (GM) beträgt die Intervallanzahl ni=128, damit die mittlere Maschenweite 59,9 km und die Gesamtzahl der Gitterpunkte bei 31 Schichten rund 5 Millionen.

Dieses GM »führt« dann ein kleinräumiges, **lokales Modell** (LM), das mit 7 km Maschenweite über Mitteleuropa noch wesentlich detaillierter Wetterprozesse berechnen kann. Bei 35 Schichten ergeben sich nur für diesen Mitteleuropa-Ausschnitt schon 3,7 Millionen Gitterpunkte.

Für Computer-Freaks

Diese Modelle werden auf einer Cray T3E 1200 mit parallelem Prozessorsystem gerechnet. Der Rechner besteht aus 792 Einzel-Prozessoren (PE) für die Anwendung und 24 PEs für Steuerungszwecke. Jeder PE kann pro Sekunde maximal 1,2 Milliarden Operationen (Gflops) durchführen.

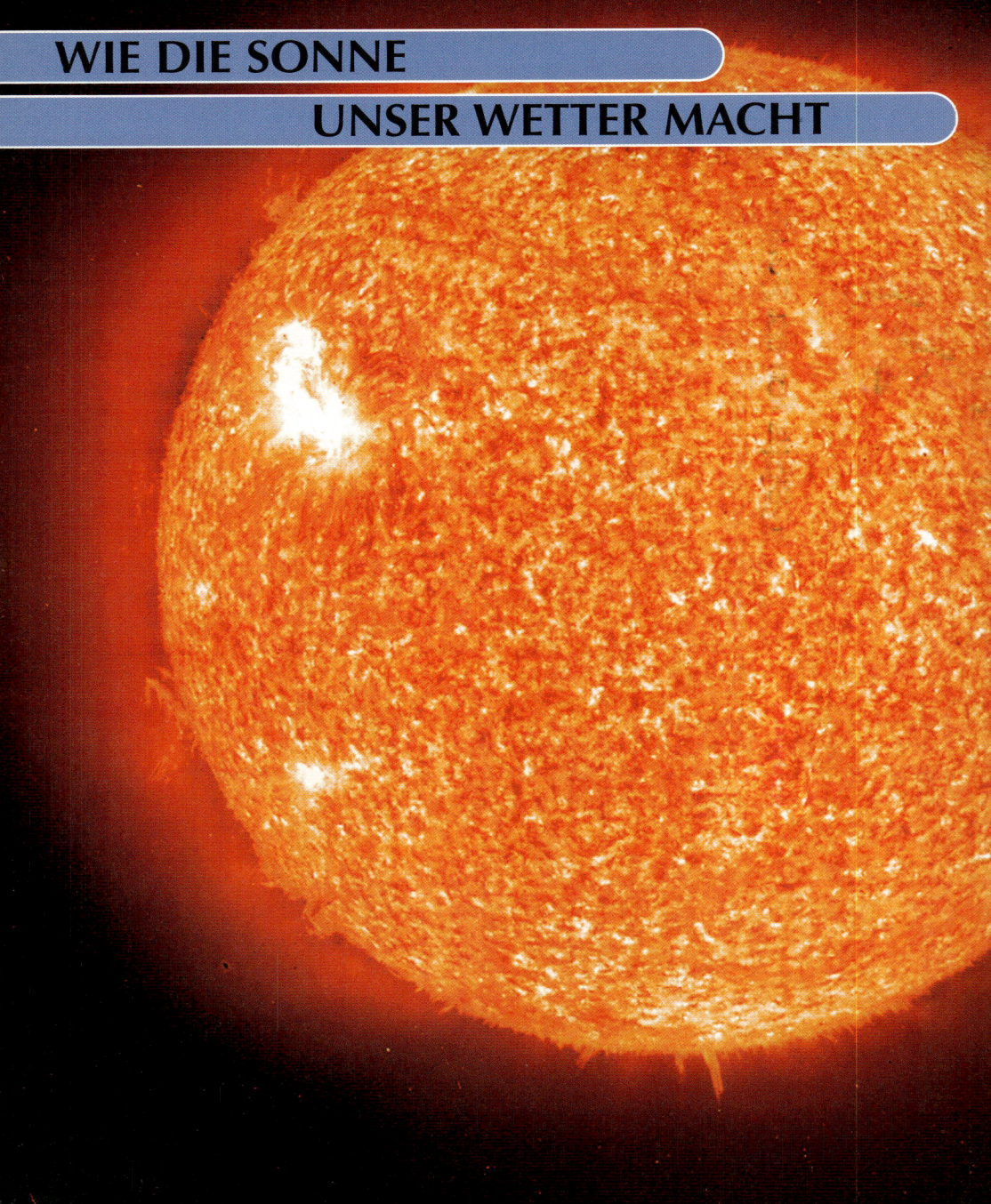

WIE DIE SONNE
UNSER WETTER MACHT

Energie ist überall. Ohne Energie wäre kein Leben möglich. Die herrliche Rose, die das Auge erfreut, der Fisch im Wasser, aber auch die Wolke, die am Himmel zieht, benötigen Energie. Und die wird kostenlos von der Sonne zur Verfügung gestellt.

Im Laufe der Jahreszeiten erwärmt sie unsere Erde, manche Gegenden mehr, andere weniger. Und dabei wird beim Lauf der Erde um die Sonne eine gigantische Wärme-Maschine in Gang gesetzt, die unser Wetter hervorruft.

So eine Wärme-Maschine bezieht ihre Antriebskraft aus dem Gegensatz zwischen kalt und warm. Der Motor in Ihrem Auto ist das beste Beispiel. Beim Verbrennen des Treibstoffs wird die Luft im Zylinder erhitzt, der Kolben weggetrieben, die erhitze Luft dehnt sich aus und kühlt ab. Das Verhältnis zwischen erhitzter und abgekühlter Luft bestimmt die Leistung des Motors. Bei unseren normalen Autos basteln die Ingenieure daran, dieses Verhältnis zu erhöhen, um gleiche Leistung mit weniger Treibstoff zu erreichen; in der Formel 1 geht es darum, bei gleichem Verbrauch noch ein paar PS mehr herauszukitzeln.

Wenn Sie an einem heißen Sommertag schwitzen, ist Ihnen klar, dass das etwas mit der Sonne zu tun haben muss, die da unbarmherzig vom Himmel brennt. Doch was die Sonne mit arktischer Kälte zu tun haben soll, wird nicht so einsichtig sein. Wenn Stürme über das Land ziehen, Dürre sich ausbreitet, Wirbelstürme verheerende Schäden anrichten und Schneestürme den Verkehr lahm legen, dann hat das immer mit diesem glühenden Feuerball zu tun.

Energieproduzent Sonne

In früheren Jahrhunderten nahmen die Menschen an, dass auf der **Sonne** ein riesiges Feuer brennen würde. Doch das wäre schon längst erloschen, denn wenn der Sonnenball völlig mit Öl gefüllt wäre, hätte das gerade mal rund 10 000 Jahre gereicht. Das ist zwar auch eine lange Zeit aber doch verschwindend gering gegenüber den rund 5 Milliarden Jahren, die unsere Sonne schon existiert.

Das Feuer auf der Sonne muss also etwas Besonderes sein, wenn es schon so lange Zeit alles Leben auf unserer Erde mit Energie versorgt. Erst in den 30er-Jahren des 20. Jahrhunderts haben die Physiker herausgefunden, welcher Produktionsprozess auf der Sonne abläuft.

Die Sonne ist ein riesiger **Fusionsreaktor**. Anders als in unseren Kernreaktoren, in denen große, schwere Atome in kleinere gespalten werden, verschmelzen im Innern der Sonne ganz leichte Wasserstoffatome über mehrere Zwischenschritte zu einem schweren Heliumatom. Das Prinzip ist aber in beiden Fällen gleich. Sowohl bei der Kernspaltung als auch bei der Kernfusion sind die Endprodukte leichter als die Ausgangsprodukte. Und dieser Verlust an Masse hat sich in Energie verwandelt.

◁ *Die Sonne – aufgenommen von der europäischen Sonnensonde SOHO im IR-Spektrum, wodurch die Temperaturen der Oberfläche gemessen werden.*

Dieselbe Sonne – wie wir sie sehen. ▷

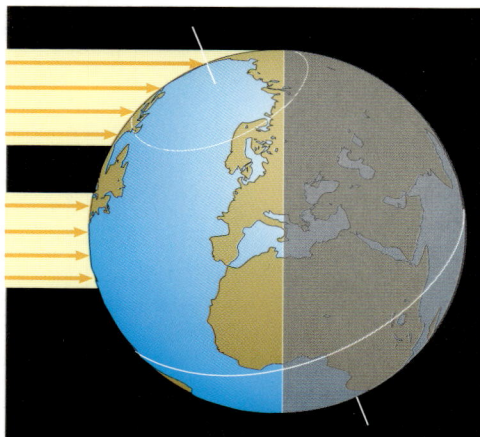

Trotz 24 Stunden Sonnenschein am Tag wird es am Pol nicht heiß. Der Einfallswinkel ist zu gering.

Das ist unser Lebenselixier, die Kraft, die alles antreibt, was auf unserem Globus geschieht. Allerdings ist nur ein Teil davon Licht und Wärme. Daneben strahlt die Sonne noch auf allen Frequenzen und schleudert außerdem riesige Schwärme an Materieteilchen ins Weltall.

Während die Sonne also immer leichter wird, strahlt sie jeden Tag rund 400 Quadrillionen kWh ab, wovon wir auf der Erde aber nur ein Zweimilliardstel erhalten. Doch selbst dieser geringe tägliche Anteil würde ausreichen, die gesamte Erde rund 200 Jahre mit Elektrizität zu versorgen. Oder anders ausgedrückt: Alle 7 Minuten erhalten wir von der Sonne den Weltenergiebedarf eines Jahres.

Warum wir Jahreszeiten haben

Während Sie ruhig im Sessel sitzen und gerade dieses Buch lesen, sind Sie Teil eines riesigen Bewegungssystems. Die Erde rast mit etwa 30 km pro Sekunde um die Sonne. Gleichzeitig drehen Sie sich hier in Mitteleuropa noch mit rund 1000 km in jeder Stunde nach Osten.

Die Bahn, auf der wir um die Sonne rasen, ist nicht ganz kreisförmig und für eine vollständige Umrundung benötigt die Erde etwas mehr als 365 Tage (**ein Jahr**), wobei sie sich gleichzeitig in 24 Stunden (**ein Tag**) um die eigene Achse dreht.

Da die Umlaufbahn um die Sonne eine Ellipse ist, schwankt der Abstand zwischen Sonne und Erde im Laufe eines Jahres. Die Erde nähert sich im Januar der Sonne bis etwa 147 Millionen km und entfernt sich im Juli bis etwa 152 Millionen km.

Etwas Griechisch hilft weiter

Woher kommen die Namen »Perihel« und »Aphel«?
Der sonnennächste Punkt heißt »**Perihel**« von Griechisch »peri« (nah) und »helios« (Sonne), der sonnenfernste Punkt heißt »**Aphel**« von Griechisch »ap« (weg).

Daraus könnte man schließen, dass wir im Januar das wärmste und im Juli das kälteste Wetter haben, was ja nun durch die Realität auf der Nordhalbkugel widerlegt wird. Die Nähe zur Sonne kann also nicht der alleinige Grund für die Jahreszeiten sein.

Entscheidend ist der Betrag an Sonnenenergie, der an der Erdoberfläche ankommt. Und der hängt davon ab, unter welchem Winkel die Sonnenstrahlen auftreffen und natürlich auch davon, wie lange die Sonne scheinen kann (**Tageslänge**).

Aus Erfahrung wissen Sie, dass Sonnenstrahlen umso intensiver sind, je höher die Sonne am Himmel steht. Warum das so ist, lässt sich mit einer Taschenlampe leicht erklären. Genau senkrecht über einer Fläche erzeugt sie einen kleinen, kreisrunden und sehr hellen Fleck. Je mehr Sie die Taschenlampe neigen, umso größer wird der Fleck, aber auch blasser, da die gleiche Lichtmenge nun über die größere Fläche verteilt wird.

Auf der Erde kommt noch hinzu, dass bei niedrigem Sonnenstand die Sonnenstrahlen einen weiteren

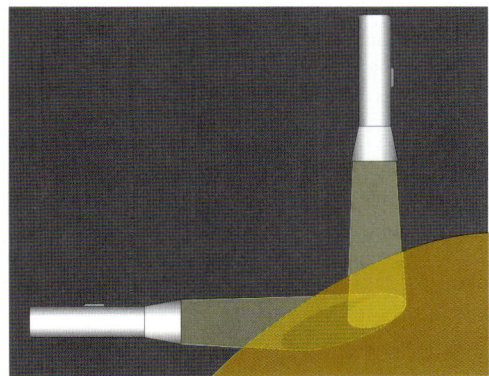

Je senkrechter der Einfallswinkel, umso größer ist die Strahlungsdichte – und desto heller ist z. B. der Lichtfleck einer Taschenlampe.

Weg durch die Atmosphäre zurücklegen müssen und dabei zusätzlich gestreut und absorbiert werden, sodass die am Erdboden ankommende Strahlung weiter reduziert wird.

Doch nicht nur die Höhe der Sonne über dem Horizont bestimmt, wie warm die Erdoberfläche wird. Wichtig ist natürlich auch, wie lange die Sonne denn scheinen kann. Aus Erfahrung wissen wir, dass im Sommer die Tage länger sind als im Winter und dass außerdem die Sonne im Sommer höher am Himmel steht als im Winter, wo sie gerade mal über die Bäume hinweg schaut.

Diese beiden Erfahrungen konnten Sie deshalb machen, weil die Erde auf ihrer jährlichen Reise um die Sonne täglich um eine Achse rotiert, die $23\frac{1}{2}°$ geneigt ist gegenüber der Bahn um die Sonne. Und diese Achsenneigung behält die Erde bei, während sie um die Sonne rast, sodass die Nordhalbkugel in unserem Sommer der Sonne zugeneigt, im Winter von der Sonne weg gerichtet ist. Dabei wird immer eine Hälfte der Erde von der Sonne beschienen, die andere Hälfte liegt im »Schatten«. Wenn die Erdachse nicht geneigt wäre, dann würde die Sonne am Äquator zur Mittagszeit immer senkrecht am Himmel stehen und überall auf der Erde (außer an den Polen) hätten wir an allen Tagen des Jahres 12 Stunden Tageslicht und 12 Stunden Dunkelheit, wie das jetzt nur am 21. März und am 23. September der Fall ist.

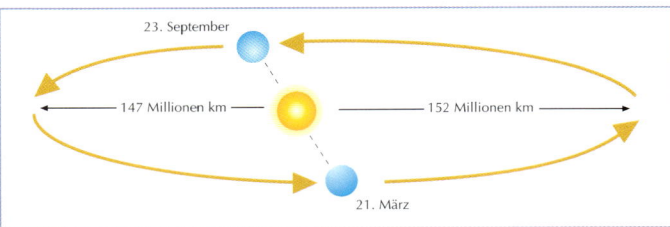

△ Im Januar sind wir der Sonne 5 Millionen km näher.

▽ Winter oder Sommer hängen vom Sonnenstand ab.

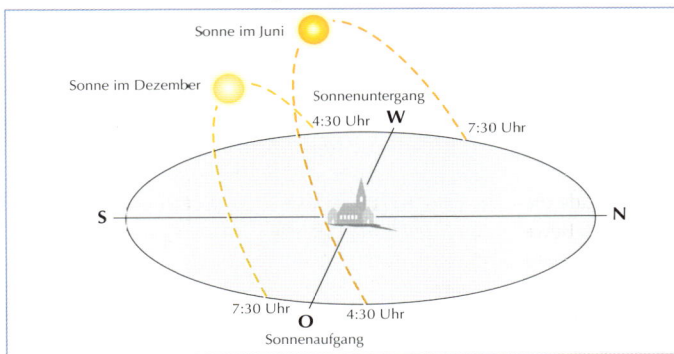

Doch durch die Neigung ist am 21. Juni der Nordpol am weitesten zur Sonne gerichtet und bei uns hat sie zur Mittagszeit den höchsten Punkt am Himmel erreicht. Je weiter wir nach Norden gehen, umso länger wird der Tag. Nördlich des **Polarkreises** ($66\frac{1}{2}°$) geht die Sonne überhaupt nicht unter, denn bei der täglichen Rotation der Erde gelangt dieses Gebiet nie in den »Schatten«.

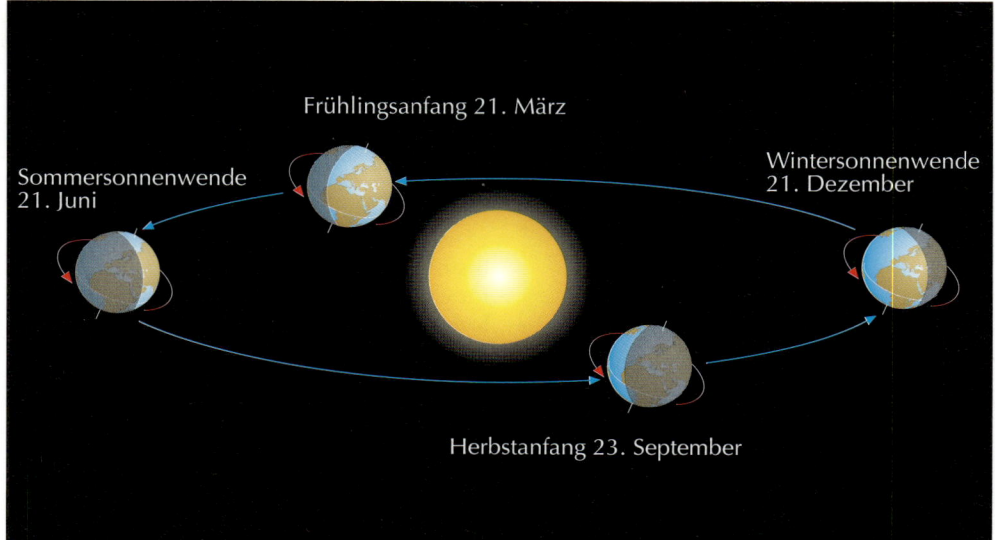

Beim Lauf der Erde um die Sonne behält die Erde ihre geneigte Position im Raum bei. In unserem Sommer ist der Nordpol zur Sonne gerichtet, in unserem Winter der Südpol.

Dieser längste Tag des Jahres dauert auch bei uns unterschiedlich lang. In München ist der Tag nach 16 Stunden zu Ende. Die Flensburger dagegen können die Sonne 1 Stunde und 20 Minuten länger genießen – vorausgesetzt, die Wolken machen keinen Strich durch die Rechnung.

Die Tage werden jetzt kürzer und die Sonne steht jeden Tag etwas niedriger am Himmel; gleichzeitig bleibt es auf der Südhalbkugel länger hell und die Mittagssonne steigt höher, bis am 23. September Nord- und Südpol gleich weit von der Sonne entfernt sind. Am Nordpol geht jetzt die Sonne unter und es beginnt die lange **Polarnacht**, während am Südpol die Sonne aufgeht und erst wieder am 21. März untergehen wird.

Am 21. Dezember ist der Nordpol volle $23\frac{1}{2}°$ von der Sonne weg geneigt. Der kürzeste Tag des Jahres dauert in Flensburg nur 7 Stunden und 13 Minuten. Und was die Münchner im Sommer zu kurz kamen, wird ihnen jetzt zurückgegeben: immerhin dauert der kürzeste Tag 8 Stunden und 25 Minuten.

Von nun an geht es bei uns wieder bergauf, bis am 21. März erneut Nord- und Südpol gleich weit von der Sonne entfernt sind und der Tag überall 12 Stunden lang ist. Während auf der Südhalbkugel der Herbst beginnt, ist bei uns Frühlingsanfang und es geht dem Sommer entgegen. Ein Jahr ist vorbei; Sommer, Herbst, Winter und Frühling sind gekommen und vergangen – und das alles wegen $23\frac{1}{2}°$!

Warum der Sommer erst am 21. Juni beginnt

Nach der ersten Hitzewelle im Mai und den warmen Abenden beim Grillen, heißt es am 21. Juni (in manchen Jahren auch schon am 20.) in der Ankündigung zum Wetter, dass heute der Sommer beginnen würde. Was herrschte denn dann in den heißen Wochen zuvor?

Betrachten wir noch einmal von der Erde aus, wie der Sonnenhöchststand mittags im Laufe eines Jahres am Himmel wandert. Selbst im Hochsommer steht die Sonne nicht genau über uns. Nur in der Nähe des Äquators ist das der Fall. Am 21. März und am 23. September steht sie mittags genau über dem Äquator senkrecht, dann wechselt sie jeweils auf die andere Hemisphäre. Am 21. Juni steht sie mittags bei $23\frac{1}{2}°$ nördlicher Breite genau senkrecht, am 21. Dezember bei $23\frac{1}{2}°$ südlicher Breite.

Da die senkrechte Position der Sonne im Laufe eines Jahres zwischen $23\frac{1}{2}°$N und $23\frac{1}{2}°$S hin- und herwandert, nennt man diese geographischen Breiten auch den nördlichen bzw. südlichen **Wendekreis**. Während das Erreichen des nördlichen Wendekreises den astronomischen Beginn des Sommers auf der Nordhalbkugel und entsprechend den Beginn des Winters auf der Südhalbkugel definiert, beginnt bei uns am 21. März **astronomisch** der Frühling, wenn die Sonne den Äquator nach Norden überquert und am 23. September der Herbst, wenn die Sonne auf die Südhalbkugel wechselt.

In unseren Breiten wird der Sommer als die wärmste und der Winter als die kälteste Zeit des Jahres bezeichnet. Frühling und Herbst sind die jeweiligen Übergangszeiten. Wenn die vier Jahreszeiten auf das Jahr verteilt werden, dann bleiben für jede Jahreszeit 3 Monate und daraus resultiert die **meteorologische** Aufteilung der Jahreszeiten bei uns. Juni, Juli und August als die 3 wärmsten Monate des Jahres werden als Sommer bezeichnet und entsprechend Dezember, Januar und Februar als die Wintermonate. Bleiben März, April und Mai für den Frühling und September, Oktober und November für den Herbst.

Warum das Sommerhalbjahr länger ist

Wer beim Lesen dieser Zeilen stutzte und mal nachrechnete, hat festgestellt, dass zwischen dem 21. März und dem 23. September mehr Tage liegen als zwischen 21. September und 21. März, unser Sommerhalbjahr also länger ist als das Winterhalbjahr und zwar um eine ganze Woche.

Wer sich noch an seine Schulzeit erinnert, kennt des Rätsels Lösung. 1609 hat der deutsche Astronom **Johannes Kepler** die ersten beiden Gesetze der Planetenbewegung veröffentlicht:

1. Die Bahn eines Planeten ist eine Ellipse, in deren einem Brennpunkt die Sonne steht.

2. Der Radiusvektor eines Planeten beschreibt bei dessen Bewegung um die Sonne in gleichen Zeiten gleiche Flächen.

Das 2. Gesetz sagt aus, dass ein Planet schneller wird, wenn die Entfernung zur Sonne abnimmt und wieder langsamer, wenn die Entfernung zunimmt. Und da der geringste Abstand zur Sonne um den 3. Januar erreicht wird, ist die Geschwindigkeit der Erde dann am größten und umgekehrt um den 4. Juli am geringsten, weil dann die Sonne am weitesten entfernt ist.

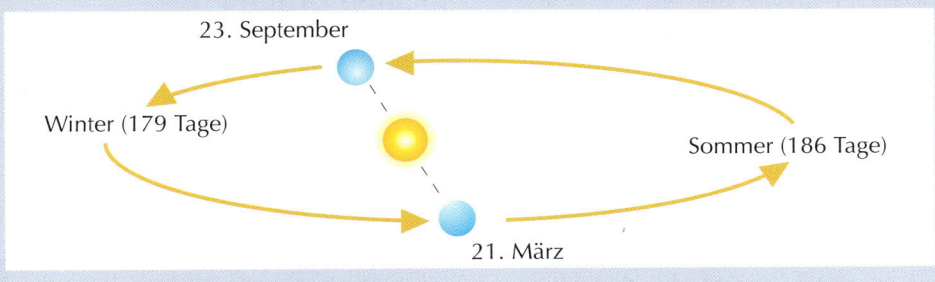

23. September

Winter (179 Tage)

Sommer (186 Tage)

21. März

MIT SONNENLICHT
FÄNGT ALLES AN

Wenn Sie im Frühjahr die ersten sonnigen Tage genießen, spüren Sie, wie Ihr Gesicht im Sonnenlicht warm wird, während die umgebende Luft den ganzen Tag über kalt bleibt. Das liegt daran, dass das Sonnenlicht recht unbehelligt durch die Atmosphäre reist und erst von der Haut Ihres Gesichtes absorbiert und in thermische Energie umgewandelt wird. Die Energie, die von der Sonne zu Ihrer Haut gelangt, wird Strahlungsenergie oder auch kurz **Strahlung** genannt.

Sie reist in Form von Wellen. Wenn solche Wellen von festen Körpern absorbiert werden, wird die mit diesen Wellen transportierte Energie frei. Da solche Wellen elektrische und auch magnetische Eigenschaften besitzen, werden sie **elektromagnetische Wellen** genannt. Sie benötigen keine Materie, um sich auszubreiten und legen im luftleeren Raum in jeder Sekunde fast 300 000 km zurück – die **Lichtgeschwindigkeit**.

Die Wellenlängen, mit denen wir es im normalen Leben zu tun haben, umfassen einen riesigen Bereich. Lässt man die Radio- und TV-Wellen mal weg, sind die meisten von ihnen außerdem sehr kurz. Deshalb benutzt man für sie eine andere Maßeinheit als das Meter: Das Mikrometer (µm) ist ein Millionstel eines Meters:

$$1 \text{ µm} = 0{,}0000001 \text{ m} = 10^{-6} \text{ m}$$

Vergleich der Wellenlängen verschiedener elektromagnetischer Strahlung.

Art der Strahlung:	m	µm
Radio (AM)	100	10^8
TV	1	10^6
Mikrowelle	10^{-3}	10^3
IR-Licht	10^{-6}	1
Sichtbares Licht	5×10^{-7}	0,5
UV-Licht	10^{-7}	0,1
Röntgenstrahlen	10^{-9}	10^{-3}

Wie kurz solche Wellen sind zeigt der Vergleich, dass Ihr Haar rund hundertmal dicker ist als die Wellenlänge des sichtbaren Lichtes.

Nun strahlt aber nicht nur die Sonne, sondern jeder Körper, dessen Temperatur über dem **absoluten Nullpunkt** liegt; sei es Ihr Körper, die Wände des Raumes, in dem Sie sich aufhalten oder dieses Wetterbuch, das Sie gerade lesen. Die Energie für diese Strahlung stammt von den Elektronen, die unvorstellbar schnell um die Atomkerne herumsausen, aus denen alle Stoffe bestehen.

Die Wellenlänge, die jeder Stoff aussendet (emittiert), hängt von seiner jeweiligen Temperatur ab. Je wärmer der Stoff, umso schneller vibrieren die Elek-

Der »Wärmetod«

Die bei uns gebräuchliche Temperaturskala wird definiert durch die Änderungen der Aggregatzustände des Wassers:
0 °C   Übergang vom festen zum flüssigen Zustand,
100 °C   Übergang vom flüssigen zum gasförmigen Zustand.

Und diese Zustände sind abhängig von der Bewegungsenergie der Moleküle. Die Temperatur eines Stoffes wird also durch den Energieinhalt bestimmt. Je weniger Energie ein Stoff besitzt, umso kälter ist er. Theoretisch kann man nun berechnen, wann ein Stoff seine gesamte Energie abgegeben hat, d.h. die einzelnen Atome nicht mehr um ihre Gleichgewichtslage schwingen. Die Temperatur, bei der das der Fall ist, wird als **absoluter Nullpunkt** bezeichnet und sie beträgt **-273,15 °C.**

In vielen naturwissenschaftlichen Bereichen wird mit einer **absoluten Temperaturskala** gearbeitet, wobei die Einheit **Kelvin (K)** verwendet wird. Der absolute Nullpunkt hat dann die Temperatur 0 K. Entsprechend hat der Gefrierpunkt des Wassers **0°C = 273 K.**

Die abgestrahlten Wellenlängen

Der Zusammenhang zwischen Temperatur und Wellenlänge wird durch das **Wien'sche Gesetz**

$$\lambda_{max} = \frac{2897 \; \mu m \; K}{T}$$

beschrieben, wobei λ_{max} die Wellenlänge ist, bei der ein Körper die meiste Energie transportiert. Um leichter zu rechnen, runden wir die Konstante auf 3000, machen die Erde mit 300 K

ein bisschen wärmer und setzen die Temperatur der Sonnenoberfläche mit 6000 K fest.

Dann ergibt sich, dass die Sonne bei 0,5 µm (= grünes Licht) die meiste Energie abstrahlt, die wesentlich kältere Erde dagegen bei rund 10 µm. Da sowohl Sonne als auch Erde nicht nur einen Temperaturwert besitzen, ergibt sich ein breites Spektrum an Wellenlängen. Mit dem sichtbaren Bereich des Sonnenlichtes erhalten wir rund 44% der gesamten Energie.

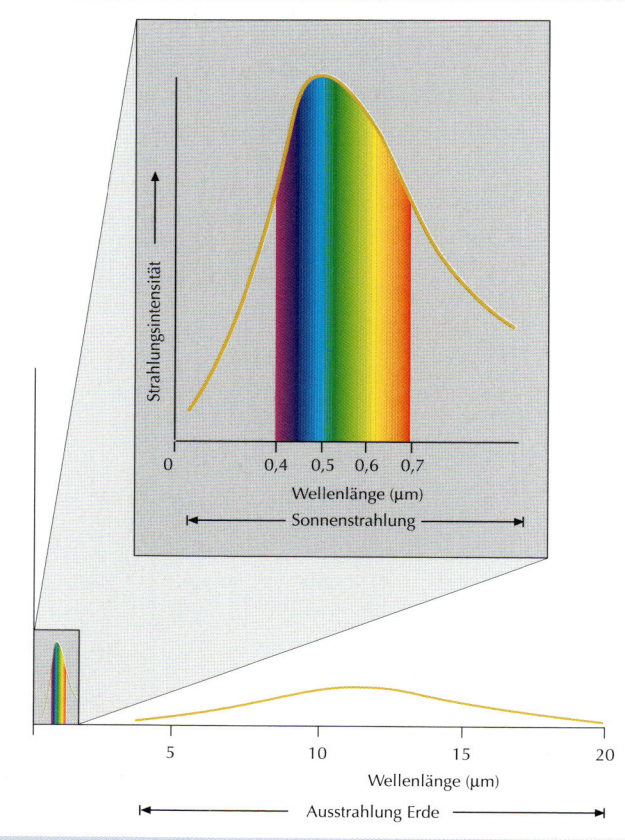

tronen und umso kürzer die Wellenlänge der emittierten Strahlung. Das können Sie direkt sehen, wenn Sie ein Seil an einen Pfosten binden und dieses am anderen Ende schütteln. Je schneller Sie schütteln (=höhere Temperatur), umso mehr Wellen pro Zeiteinheit entstehen.

Da dieses Wetterbuch nur etwa 20 °C warm ist, strahlt es elektromagnetische Wellen aus, die so lang sind, dass wir sie nicht sehen können. Erst wenn ein Körper rund 500 °C heiß ist, sind die Wellenlängen so kurz, dass unser Auge sie erkennen kann. Der Körper scheint in einem dunklen Rot zu glühen.

Beim Grillen erleben Sie diese Verschiebung der Wellenlängen. Wenn die Grillkohle richtig heiß ist, glüht sie in einem hellen Orange und verglüht später in einem dunklen Rot. Doch selbst nach einer Stunde gibt die dunkle Asche immer noch Energie ab, die Sie im IR-Bereich als Wärme spüren.

Eine wichtige Eigenschaft von elektromagnetischen Wellen ist, dass kürzere Wellen mehr Energie transportieren als längere Wellen. So wärmt die Energie von **IR-Licht** angenehm die Haut, aber die Energie von **UV-Licht** reicht aus, um sie zu verbrennen und im Extremfall Hautkrebs zu erzeugen, obwohl der UV-Anteil nur etwa 7% beträgt.

Wie das Gleichgewicht funktioniert

Die Erde und alles was sich auf ihr befindet würde immer kälter werden, wenn sie ständig Energie abstrahlen würde. Zum Glück nimmt sie aber auch welche auf, d.h. sie absorbiert Energie. Wenn ein Objekt mehr Energie emittiert als absorbiert wird es kälter; absorbiert es dagegen mehr Energie als es emittiert, wird es wärmer.

An einem sonnigen Tag erwärmt sich die Erdoberfläche, weil sie mehr Energie von der Sonne und der Atmosphäre aufnimmt als sie abstrahlt. Nachts kühlt

> ## Temperatur und Energie
>
> Der Zusammenhang zwischen beiden Größen wird mathematisch durch das **Stefan-Boltzmann-Gesetz** ausgedrückt:
>
> $$E = \sigma T^4$$
>
> E ist die maximale Strahlungsmenge, die ein Körper mit der Temperatur T (in Kelvin) pro Quadratmeter abgibt. Der griechische Buchstabe σ (= sigma) ist die Stefan-Boltzmann-Konstante (benannt nach **Josef Stefan** und **Ludwig Boltzmann**).
>
> Da die Energie, die ein Körper abgibt, mit der 4. Potenz seiner absoluten Temperatur zunimmt, führt eine kleine Temperaturerhöhung gleich zu einer beträchtlichen Erhöhung der abgestrahlten Energie. Die Sonne strahlt den größten Teil ihrer Energie von der Oberfläche ab, die rund 6000 K heiß ist. Die Erde hat dagegen nur eine durchschnittliche Temperatur von 15 °C (288 K) und emittiert deshalb nur einen Bruchteil der Sonnenenergie.

sie dagegen ab, weil sie mehr Energie emittiert als sie aus der Umgebung erhält.

Wenn wir aus dem Weltraum auf die Erde schauen, sehen wir, dass immer eine Hälfte von der Sonne beschienen wird, die andere Hälfte im Dunkeln liegt. Es kann also nur die Hälfte der Erdoberfläche Energie von der Sonne aufnehmen, dagegen emittiert aber die gesamte Erde aufgrund ihrer Temperatur ständig Energie im IR-Bereich.

Das wird z.B. in den Wettersatelliten ausgenutzt. Wenn ich Ihnen im Wetterbericht die Wolkenbewegung während der letzten 24 Stunden zeige, dann geht das eben nur deshalb, weil der Wettersatellit einen Sensor an Bord hat, der Energie in diesem IR-Bereich messen kann. Dort wo Wolken am Himmel stehen, kann die Erde nicht so viel IR-Strahlung abgeben – und genau das misst der Sensor.

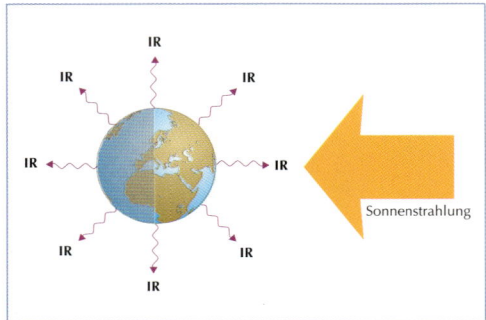

Das Strahlungsgleichgewicht. Während nur die Hälfte der Erde Sonnenenergie erhält, verliert der gesamte Globus ständig Energie an den Weltraum.

Da es auf der Erde über Jahrtausende hinweg weder konstant wärmer noch kälter geworden ist, muss sich ein Gleichgewicht zwischen der absorbierten Sonnenenergie und der ständig emittierten IR-Strahlung eingestellt haben. Die Temperatur, bei der das der Fall ist, wird Strahlungs-Gleichgewichts-Temperatur genannt und würde ohne Atmosphäre -18 °C (=255 K) betragen. Nun wissen Sie aber, dass es auf der Erde wesentlich wärmer ist, nämlich rund 15 °C (=288 K). Wie kommt es zu dieser enormen Differenz von 33 K?

Diese Erwärmung, die überhaupt erst das Leben auf unserem Planeten ermöglicht, verdanken wir der

Tatsache, dass die Atmosphäre sowohl IR-Strahlung absorbiert als auch emittiert. Und zwar in der Weise, dass sie einige Wellenlängen ungehindert passieren lässt, andere dagegen mehr oder weniger vollständig absorbiert.

Glas z.B. ist so ein Stoff mit unterschiedlichen Absorptionseigenschaften. Während es die sichtbare Strahlung fast ungehindert passieren lässt, absorbiert es einen Großteil der UV-Strahlung, mit der Folge, dass Sie zwar durch das Glas schauen können und Ihre von der Sonne beschienene Haut warm wird, aber keinen Sonnenbrand bekommen.

In der Atmosphäre sind es hauptsächlich **Kohlendioxid** (CO_2) und **Wasserdampf** (H_2O), die IR-Strahlung sehr stark absorbieren, sichtbare Sonnenstrahlung dagegen kaum. In gleicher Weise emittieren sie aber auch IR-Strahlung, die sich von diesen Gasen in alle Richtungen ausbreitet. Ein Teil geht in den Weltraum, lässt die Erde also kälter werden, ein Teil aber gelangt zur Erdoberfläche, wird dort absorbiert und erwärmt sie. Wegen der Erwärmung strahlt die Erdoberfläche wiederum mehr Energie ab, die nun die untere Atmosphäre erwärmt. Und so schmiegen sich CO_2 und H_2O wie eine dünne Decke um unseren Globus, verhindern, dass die IR-Strahlung von der Erdoberfläche sofort ungehindert in den Weltraum entweichen kann, und halten die durchschnittliche Temperatur an der Oberfläche bei 15 °C.

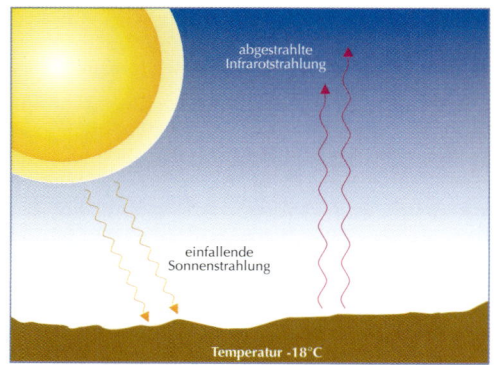
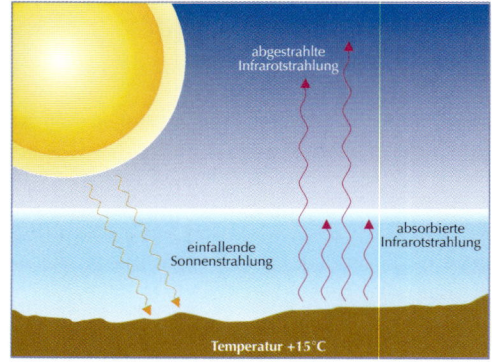

Der Treibhauseffekt. Ohne Atmosphäre wäre es bitter kalt, da sehr viel Energie in den Weltraum abgestrahlt würde (linke Grafik). Die Atmosphäre hält mollig warm.

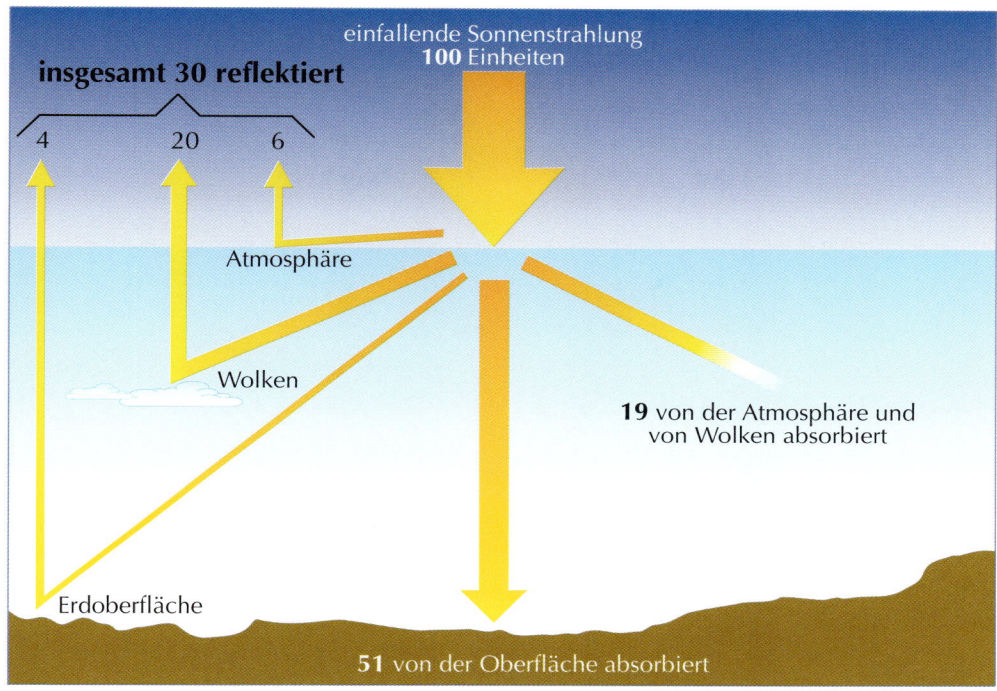

Von der Sonnenstrahlung kommen nur 51% am Erdboden an. Der Verlust (Albedo der Erde) beträgt 30%.

Die Jahresbilanz der Erde

Während diese durchschnittliche globale Temperatur von Jahr zu Jahr nur geringfügig schwankt, kann es in einer Region von einem Jahr zum anderen große Unterschiede geben. Trotz dieser regionalen Unterschiede muss das Gesamtsystem aus Erde und Atmosphäre im Jahresdurchschnitt genauso viel Energie in den Weltraum abgeben, wie es von der Sonne erhält. Das Gleiche gilt auch für die Erdoberfläche und die Atmosphäre. Im Jahresdurchschnitt muss die Erdoberfläche genauso viel Energie an die Atmosphäre abgeben wie sie selber absorbiert. Dass diese Bilanzen immer aufgehen, ist eine der faszinierenden Leistungen der Natur.

Den Betrag an Sonnenenergie, der an der Obergrenze der Atmosphäre ankommt, setzen wir gleich 100. Wie Sie sehen, werden von der Erdoberfläche, den Wolken und der Atmosphäre gleich wieder 30 Einheiten in den Weltraum zurückgeworfen. Dieses Reflexionsvermögen von Stoffen wird **Albedo** genannt. Die Albedo der Erde beträgt also 30%. Wolken und Atmosphäre absorbieren im Mittel 19 Anteile, sodass für die Erdoberfläche noch 51% der ursprünglich angekommenen Sonnenstrahlung übrig bleiben.

Was passiert nun mit diesen 70 (51 + 19) Anteilen? Da die Erdoberfläche sowohl am Tage als auch in der Nacht Energie in Form von IR-Strahlung abgibt, verliert sie im Mittel 117 Einheiten und damit fast doppelt soviel wie sie an direkter Sonnenstrahlung erhält. Der größte Teil davon (111 Teile) wird aber durch die Treibhausgase H_2O und CO_2 sowie durch Wolken absorbiert. Diese wiederum strahlen 96 Anteile zur Erdoberfläche zurück, und das ist der atmosphärische **Treibhauseffekt**.

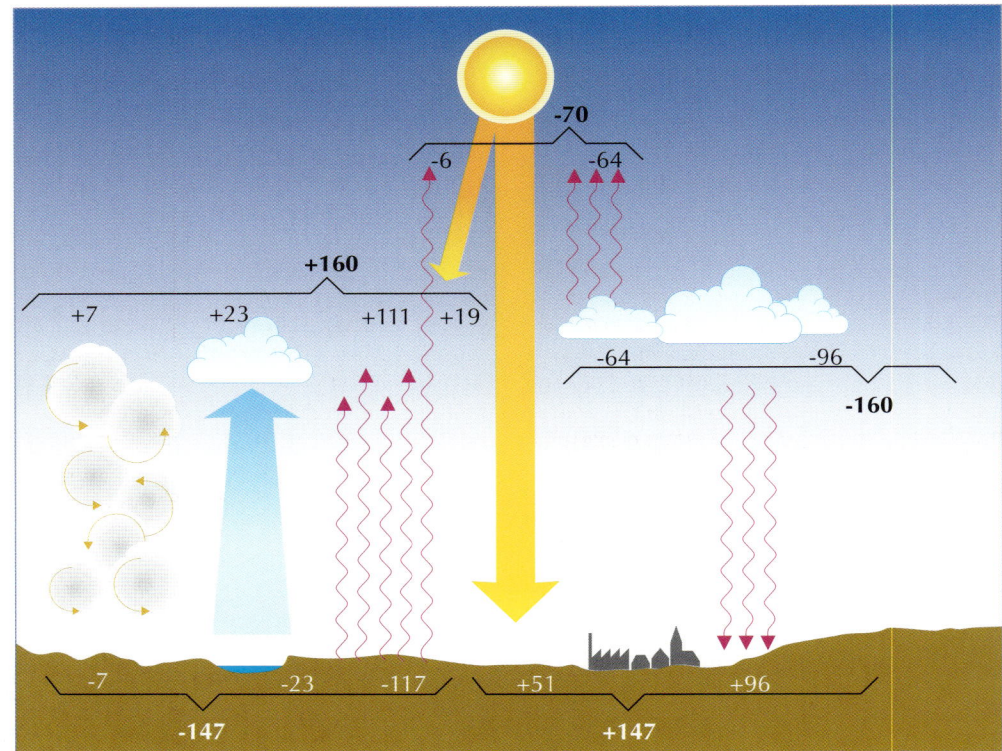

Energiebilanz Erde-Atmosphäre. Positives Vorzeichen bedeutet Energieaufnahme, negatives Energieverlust. Zu den 51 Einheiten von der Sonne erhält die Erde noch 96 an IR-Strahlung von der Atmosphäre (Treibhauseffekt). Von den 147 Einheiten gibt sie als IR-Strahlung 117 ab, von denen 111 durch die Treibhausgase absorbiert und 96 zurückgegeben werden. Die restlichen 30 (23+7) stecken im Wasserkreislauf.

Eine wichtige Rolle in unserem Wettergeschehen spielen **Verdunstung** von Wasser **(Evaporation)**, **Konvektion** und **Wärmeleitung (Konduktion)**. Wenn wir uns nur die Strahlungsbilanz ansehen, dann erhält die Erdoberfläche 147 Teile von der Sonne und der Atmosphäre und strahlt 117 Anteile ab, produziert also einen Überschuss von 30 Einheiten. Auf der anderen Seite erhält die Atmosphäre zwar 130 Einheiten (111 von der Erdoberfläche und 19 von der Sonne), verliert aber 160 Einheiten (96 an die Erdoberfläche und 64 an den Weltraum). Das Defizit von 30 Einheiten wird nun genau durch Verdunstung, Konvektion und Konduktion ausgeglichen.

Wie Wärme transportiert wird

Bisher haben wir uns recht großzügig mit der gesamten Erde befasst und beruhigt festgestellt, dass sich die Erde mit der Atmosphäre und beide zusammen mit der einfallenden Sonnenstrahlung in einem energetischen Gleichgewicht befinden. Doch um das abwechslungsreiche Wettergeschehen zu begreifen, müssen wir jetzt ins Detail gehen.

Aus unserer globalen Jahresbilanz wissen wir, dass die Sonnenenergie zum Großteil nicht direkt an die Atmosphäre abgegeben wird, sondern auf dem Umweg über den Erdboden. Im Sommer kann es qualvoll sein, barfuß über felsiges Gestein zu laufen. Dieser direkte Kontakt und das Flimmern über einer Teerstraße zeigen, dass es noch andere Transportsysteme als reine Strahlung geben muss. Diese Prozesse sind so kompliziert, dass wir uns der Einfachheit halber darauf beschränken wollen, das Entstehen einer Wolke zu beobachten.

Kaum ist die Sonne aufgegangen, beginnt sie die Erdoberfläche zu erwärmen. Und für uns beginnt das Dilemma. Denn dieser lapidare Satz beinhaltet eine solche Vielfalt komplexer physikalischer Prozesse, dass selbst die leistungsfähigsten Supercomputer nicht in der Lage sind, diese Vorgänge im Detail zu berechnen. Die Erdoberfläche besteht nämlich aus Wasser und Land; das Land selbst aus Bergen und Tälern, bewachsen und unbewachsen, Gebäuden und Grasflächen, hohen Bäumen und niedrigem Gras, hellem Sand und dunkler Erde. Im Winter sind die Felder mit Schnee bedeckt, im Frühjahr sprießt das Getreide, im Sommer wiegen sich die Ähren im Winde und im Herbst liegen die Felder abgeerntet da. Wenn Sie jetzt aus dem Fenster schauen, werden Sie unzählige unterschiedliche Eigenheiten der Erdoberfläche erkennen. Und alle reagieren verschieden auf die Sonnenstrahlen.

Bei frisch gefallenem Schnee müssen Sie die Augen zusammenkneifen, weil der Schnee bis zu 95 % des Sonnenlichtes reflektiert und das Licht deshalb so gleißend hell wird. Beim Spaziergang am Waldesrand ist der Blick auf die Bäume angenehm für das Auge, weil der Wald nur 3 bis 10 % des Sonnenlichtes reflektiert.

Doch bei allen Stoffen beginnt der Energietransport im Kleinen, nämlich bei den **Molekülen**. Der Sonnenstrahl trifft auf ein Molekül, das nimmt einen bestimmten Energiebetrag auf, wandelt den in Bewegungsenergie um, indem es anfängt schneller zu zittern. Dabei schubst es die benachbarten Moleküle, sodass auch die schneller zittern. Wie schnell Energie dabei transportiert werden kann, d. h. wie groß die **Wärmeleitung** ist, hängt davon ab, wie die Moleküle angeordnet sind. Feste Stoffe, wie z.B. Metall-

le, sind gute Wärmeleiter. Wer als Kind aus Neugierde den Deckel vom Kochtopf heben wollte um zu sehen, was Mutter heute kocht, hat diese Erfahrung vielleicht schon leidvoll gemacht.

Luft ist dagegen ein sehr schlechter Wärmeleiter. Deshalb enthalten die meisten Isolierstoffe viele Lufteinschlüsse. Wenn Wärmeleitung das einzige Transportmittel wäre, würde sich die Erdoberfläche tagsüber um etwa 200 °C erwärmen. Zum Glück existieren in der Luft andere Transportsysteme, die wesentlich schneller arbeiten. Durch Wärmeleitung nehmen die ersten Luftmoleküle an der Erdoberfläche Energie auf, werden wärmer und damit leichter als die darüber liegenden Luftmoleküle.

Energietransport durch Verdunstung und IR-Strahlung vom molekularen Bereich (10^{-4} cm) bis zu den Tiefs (1000 km).

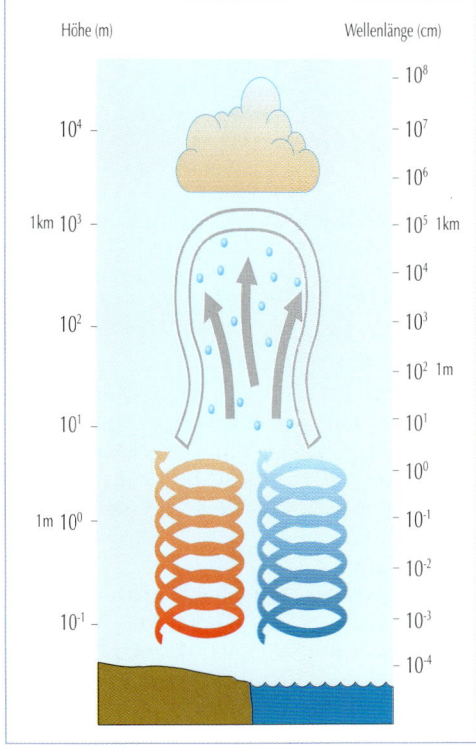

Schnee schützt sich vor der Sonne, indem er bis zu 95% des Lichtes reflektiert. Auch schmilzt etwas Schnee, wofür viel Energie benötigt wird, und so bleibt der Schnee kalt, verliert in der Nacht durch IR-Strahlung weiter Energie, und durch diese selbst verstärkenden Prozesse entsteht winterliche Frostluft. In Sibirien sinken dabei die Temperaturen unter -50°C.

Also steigen sie wie ein Heißluftballon nach oben und nehmen so ihre Energie mit. Da jeder Kubikzentimeter Luft etwa 10^{19} Moleküle enthält – eine Eins mit 19 Nullen (!) –, wird es in den untersten Millimetern chaotisch. In unvorstellbar großer Zahl schießen die aufgeheizten Moleküle nach oben, andere sinken zur Erdoberfläche. Doch kehrt sehr schnell Ordnung in dieses Chaos. Auf wundersame Weise ordnen sich die Moleküle zu Transportverbänden. Auf dem Weg nach oben sind sie mit Wärme voll beladen. Auf der Gegenfahrbahn sinkt Kaltluft zu Boden.

Dies alles geschieht bei ständig sich ändernden äußeren Bedingungen. Der Wind, der über die Erdoberfläche streicht, reißt die Luftmoleküle mit; andere folgen. Trotz dieses ständigen Austausches der Moleküle bleibt das Ordnungsprinzip erhalten. Die neu ankommenden Moleküle fügen sich nahtlos in das Transportsystem ein. Dieses Auf und Ab geht auf engstem Raum vor sich. Unserem Auge bleibt die wunderbare Ordnung verborgen; es registriert nur ein Flimmern der Luft über heißem Boden.

Nach wenigen Zentimetern übernimmt ein neues Organisationsmuster den weiteren Energietransport. Die Kleintransporter werden zu großen Verbänden zusammengefasst. Wie im morgendlichen Berufsverkehr die anfangs ungeordnete Zahl von Autos aus den Nebenstraßen sich allmählich in den Zufahrtsstraßen ordnet, um dann auf den mehrspurigen Straßen einen ständigen Strom in die Ballungszentren zu erzeugen. Diese Großverbände steigen nun mit Energie beladen weiter in die Höhe. Man kann sie nicht sehen, aber es gibt Anhaltspunkte, wo sie anzutreffen sind. Wenn Sie Segelflieger beobachten, können Sie sehen, wie diese manchmal ganz enge Kurven fliegen und sich dabei in die

Höhe schrauben. In diesem Fall hat der Pilot einen solchen Energie-Großverband aufgespürt und lässt sich von ihm in die Höhe tragen. Da es sich bei diesem Vorgang ähnlich verhält wie in einem Kochtopf, wo beim Erwärmen Blasen aufsteigen, nennt man einen solchen Energie-Großverband auch **Thermik-blase**.

Anders als bei der Wärmeleitung, wird hier die Wärme durch Transport von Masse weitergeleitet. Dieser Prozess wird **Konvektion** genannt und findet in Flüssigkeiten und Gasen statt, da diese frei beweglich sind und deshalb in ihnen Strömungen stattfinden können.

In der Meteorologie wird nur der oben geschilderte vertikale Austausch von Wärme als Konvektion bezeichnet. Wird Wärme (oder eine andere Eigenschaft der Materie) durch horizontale Luftbewegung (Wind genannt) transportiert, dann sprechen wir von **Advektion**. Während also die Sonnenenergie auf dem Umweg über die Erdoberfläche durch vertikalen Transport zunächst durch Wärmeleitung und dann durch Konvektion an die Atmosphäre weitergegeben wird, werden horizontale Unterschiede durch Advektion ausgeglichen.

Warum es erst nachmittags am wärmsten ist

Obwohl die Einstrahlung mittags am intensivsten ist, wenn die Sonne am höchsten steht, wird es nachmittags meist noch wärmer und erst gegen 16 Uhr werden die höchsten Temperaturen gemessen. Wenn wir uns an das erinnern, was wir bis jetzt gelernt haben, dann wissen wir auch, warum das so ist.

Während die Intensität der Sonnenstrahlung vom Stand der Sonne am Himmel abhängt, strahlt die Erde unablässig tagein, tagaus Wärmeenergie in Form von IR-Strahlung ab, die zum größten Teil von der Atmosphäre als Wärme absorbiert wird. Da die Wellenlängen der IR-Strahlung mit steigender Temperatur des Bodens abnehmen und die transportierte Energie mit kürzeren Wellenlängen zunimmt, erhält die Atmosphäre nach Sonnenaufgang einen zunächst zunehmenden Energiebetrag.

Obwohl die eingestrahlte Sonnenenergie nach dem Sonnenhöchststand schwächer wird, gibt der aufgeheizte Boden weiterhin sehr viel IR-Strahlung ab. Beide Energie-»Lieferanten« zusammen schaffen so einen Überschuss, der erst gegen 16 Uhr aufgebraucht ist.

Das gilt natürlich nur, wenn der Himmel wolkenlos bleibt. Häufig quellen aber in der heißen Luft gegen Mittag Wolken. Dadurch wird die Sonneneinstrahlung abgeschwächt; das führt zu einer Reduzierung des Energieüberschusses und damit wird schon früher die höchste Temperatur erreicht.

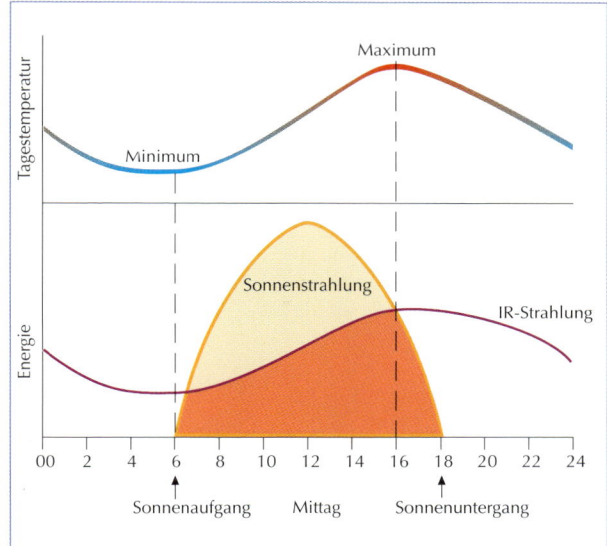

Energieaufnahme durch die Sonne und -abgabe durch IR-Strahlung erreichen ihr Maximum nicht zur gleichen Zeit. Durch Überlagerung beider Effekte erwärmt sich die Luft bis 16 Uhr.

WASSER IST NICHT

GLEICH WASSER

Das Wasser ist nicht nur unser wichtigstes Lebensmittel und unentbehrlich für das Wachstum in der Natur, sondern wie wir bei der Diskussion des Jahreshaushaltes der Erde gesehen haben, scheint es auch in der globalen Energiebilanz eine wichtige Rolle zu spielen.

Bisher haben wir bei allen Betrachtungen stillschweigend angenommen, dass sich Energie in Wärme verwandelt, also direkt fühlbar wird und durch Leitung, Konvektion und Advektion transportiert wird. Ein wichtiges Transportmittel ist aber auch das Wasser. Dabei wird die besondere Eigenschaft des Wassers genutzt, in dem engen Temperaturbereich, in dem sich unser Leben abspielt, als Gas, Wasser und Eis vorhanden zu sein, d.h. in den 3 Aggregatzuständen gasförmig, flüssig und fest.

Wie Wasser Energie transportiert

Um zu verstehen, wie das Wasser als Teil unseres Energietransport-Systems arbeitet, führen wir ein Experiment durch. Wir erhitzen einen Topf mit Wasser und messen die Zeit bis zum Kochen. Besitzen wir auch ein Thermometer mit entsprechend großem Temperaturbereich, werden wir feststellen, dass das Wasser bei etwa 100 °C kocht. Wenn wir das Wasser weiter kochen lassen, können wir sehen, dass sich die Temperatur nicht erhöht, aber das Wasser immer weniger wird. Wenn das Wasser verschwunden ist, wird etwa viermal so viel Zeit vergangen sein, wie anfangs benötigt wurde, um das Wasser zum Kochen zu bringen. Wenn wir den Energieverbrauch gemessen hätten, könnten wir feststellen, dass für das Verdunsten von 1 Liter Wasser rund 540 kcal benötigt wurden.

Da nun Energie zusammen mit dem Wasser nicht einfach verschwinden kann, muss sie irgendwo wieder zu finden sein. Klar ist, dass der erste Teil dazu benutzt wurde, das Wasser bis etwa 100 °C zu erhitzen. Das können wir fühlen; deshalb sagt man, die Energie hat sich in **fühlbare Wärme** verwandelt.

Der weitaus größere Teil der Energie – nämlich gut das Vierfache – muss in irgendeiner Form in dem verschwundenen Wasser stecken. Das Wasser ist natürlich nicht verschwunden, es hat sich nur aus dem sichtbaren, flüssigen Zustand in den unsichtba-

Schmelzen und Verdunsten entziehen der Erde Energie; Kondensieren und Gefrieren liefern sie der Atmosphäre.

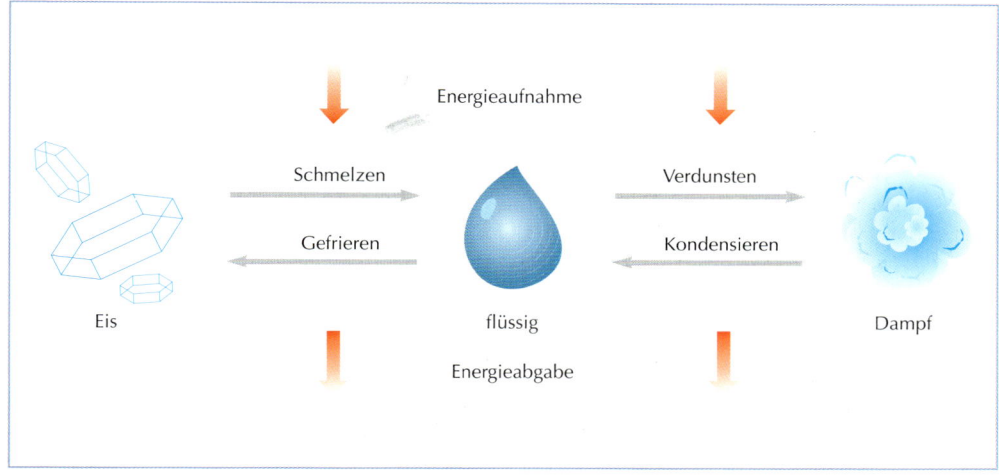

ren, gasförmigen Zustand (**Wasserdampf**) verwandelt und ist Teil unserer Luft geworden. Wir sprechen jetzt von feuchter Luft. Und da muss die Energie mit drin stecken.

Im flüssigen Zustand waren die Wassermoleküle dicht beieinander. Beim Erhitzen schwirren die Moleküle immer schneller herum und stoßen sich gegenseitig an. Einige haben schon so hohe Geschwindigkeiten, dass sie aus der Wasseroberfläche in die umgebende Luft hinausschießen; das Wasser verdunstet. Beim Kochen sausen die Moleküle dann so schnell herum, dass sie gar nicht die Zeit finden, aus der Wasseroberfläche herauszuschießen. Schon im Wasser selbst fliegen sie auseinander und bilden Blasen, die dann durch das Wasser an die Oberfläche brodeln.

Wieso der Kühlschrank kalt wird

Wenn nun die Energie in diesem unsichtbaren, gasförmigen Wasser steckt, muss es möglich sein, diese Energie wieder zu gewinnen, wenn wir den Prozess umkehren, d.h. das verdunstete Wasser kondensieren lassen. Dieses Prinzip des Wärmetransports wird bei Ihrem Kühlschrank genutzt, wobei allerdings statt Wasser ein anderes Transportmittel eingesetzt wird. Das Mittel verdunstet in den Kühlschlangen und nimmt die dafür benötigte Energie aus der Luft im Innern des Kühlschrankes; die kühlt sich ab. Außerhalb des Kühlschrankes auf der Rückseite kondensiert das Mittel und gibt dabei die im Innern aufgenommene Wärme wieder ab. Deshalb kommt hinter Ihrem Kühlschrank warme Luft hervor.

Da die zum Verdunsten benötigte Energie gebunden (lat.: latent) bleibt und beim Kondensieren wieder als Wärme frei wird, nennt man diese Form der Energie **latente Wärme**. Wenn sich also Wasser in seine verschiedene Zustände gasförmig, flüssig und fest verwandelt, wird der umgebenden Luft entweder Wärme zugeführt oder entzogen. Dieses Erwärmen oder Abkühlen der Luft durch Phasenänderungen des Wassers ist ein wesentlicher Antrieb für das Wettergeschehen.

Wann die Luft »satt« ist

Beim Kühlschrank sorgt ein Motor dafür, dass der Kreislauf zwischen Verdunsten und Kondensieren in Gang bleibt. Wie aber schafft es die Natur? Da spielt der Begriff der **Sättigung** eine Rolle. Auch wenn sich Wasser völlig in Ruhe befindet, schwirren die Wassermoleküle mit ganz unterschiedlichen Geschwindigkeiten umher, stoßen zusammen, nehmen dabei Energie auf und geben auch welche ab. Einige Moleküle sind so schnell, dass sie aus der Wasseroberfläche heraus in die Luft schießen; sie verdunsten. Aber auch aus der Luft kommen Moleküle ins Wasser; sie kondensieren. Wenn genau so viele Moleküle verdunsten wie kondensieren, sagt man, die Luft sei mit Wasserdampf gesättigt.

Wenn nun Wasser und Luft wärmer werden, bedeutet das ja nichts anderes, als dass alle Moleküle schneller umherschwirren. Damit werden auch mehr Wassermoleküle so schnell, dass sie die Wasseroberfläche verlassen können. Auch in der wärmer werdenden Luft sind die Geschwindigkeiten höher, sodass mehr Wassermoleküle aus der Luft ins Wasser zurückkehren. Die Sättigung wird also erst bei einer größeren Zahl von Molekülen erreicht. Umgekehrt wird die Luft bei Abkühlung schon bei wesentlich weniger Molekülen gesättigt sein.

Über feuchte Luft und Dampfdruck

Wasser verdunstet nicht nur über den riesigen Weiten der Ozeane, sondern auch über den Landmassen. Und da sind es nicht nur Seen, Flüsse, Moore und andere Feuchtgebiete; ein wichtiger Feuchtelieferant ist die Pflanzenwelt. Rund zwei Drittel der Luftfeuchtigkeit über Land wird durch das Verdunsten der Pflanzen geliefert! Eine intakte Vegetation ist enorm wichtig für unser Überleben. Mit jedem Baum, den wir abholzen und nicht wieder aufforsten, sägen wir an dem Ast auf dem wir sitzen!

Die Luft ist also nie völlig trocken und wie wir jetzt wissen, nimmt die Sättigung mit steigender Temperatur exponentiell zu. So enthält $1m^3$ Luft an einem

Achtung! Es wird exponentiell

Wir leben in einem »**exponentiellen**« Zeitalter und sind uns der Gefahren überhaupt nicht bewusst! Unser gesamtes Leben wird inzwischen nur noch durch **Prozentzahlen** beschrieben, ohne dass wir darüber nachdenken, was prozentuale Änderungen bedeuten.

Mathematisch ausgedrückt ändert sich eine Größe dann exponentiell, wenn die Variable x im Exponenten steht, d.h. wenn die Gleichung die Form hat:

$$y = a^x$$

Ist a größer Null, wächst eine solche Funktion monoton von Null bis unendlich. Nun gibt es zwar in der Mathematik ein Unendlich, aber nicht in unserem Leben. Und deshalb werden solche **Exponentialfunktionen** in der Natur mehr oder weniger drastisch begrenzt. Hier einige Beispiele:

1. Bei der Zunahme der Weltbevölkerung sprechen wir häufig von **Bevölkerungsexplosion**. Zu Beginn des 20. Jahrhunderts lebten rund 1,5 Milliarden Menschen auf unserem Globus; am Ende des Jahrhunderts waren es rund 6 Milliarden. Offiziell wurde von der UNO der 12.10.1999 als Geburtstag des 6. Milliardsten Bürgers festgelegt. Das heißt die Weltbevölkerung hat sich in 100 Jahren vervierfacht und das entspricht nur einer jährlichen Zunahme von 1,5 % !
Würde das Wachstum auch in diesem Jahrhundert so weiter gehen, dann würden am Ende des Jahrhunderts trotz nur 1,5% Zunahme 24 Milliarden den Globus bevölkern! Da die Erde diese Menge nicht verkraften kann, wird die Natur für eine Begrenzung sorgen und die kann sehr schmerzhaft sein, z.B. durch einen Weltkrieg!

2. Während wir also bei einer jährlichen Zunahme um 1,5 % von Explosion sprechen, ist es erfreulich, wenn sich unser Geld mit 5, 7 oder gar 10% vermehrt. Um Ihnen das Absurde dieser »**erfreulichen**« **Geldvermehrung** vor Augen zu führen, schauen wir uns an, wie sich ein Vermögen bei 7% und bei 10% bis zum Jahr 2050 ändert.
Die beiden Prozentzahlen sind deshalb gut geeignet, weil sich leicht merken läßt, dass eine Verdopplung des Vermögens bei 7% nach 10 Jahren erfolgt, bei 10% jedoch schon nach 7 Jahren.
Bei einer **Geldanlage zu 7%** könnten Sie im Jahre 2050 demnach über das **32-fache** Ihres Vermögens verfügen.
Bei einer **Geldanlage zu 10%** hätten Sie im Jahre 2050 aber schon das **128-fache (!!!)** Ihres Vermögens. Sie glauben doch nicht allen Ernstes, dass so etwas gut gehen kann.

---

neblig trüben Novembertag bei 3 °C höchstens 5 g Wasserdampf. Man sagt, die **absolute Feuchte** beträgt 5 g Wasserdampf pro Kubikmeter Luft. An einem 20 °C warmen Sommertag würden dagegen erst rund 15 g Wasserdampf zur Sättigung reichen. Dann allerdings würden wir uns sehr unwohl fühlen, denn so eine feucht-warme Luft würden wir als sehr **schwül** empfinden. Bei nur 5 g dagegen fühlen wir uns sehr wohl. Unser Empfinden, ob Luft trocken oder feucht ist, hängt also nicht nur von der absoluten Feuchte ab, sondern auch von der gerade herrschenden Temperatur.
Um die Eigenschaften der Luft zu beschreiben, verwenden wir auch den Begriff der **relativen Feuchte (RF).** Sie ist das Verhältnis zwischen vorhandener Feuchte und der bei der herrschenden Temperatur

für die Sättigung notwendige Feuchte und wird in Prozent angegeben:

$$RF = \frac{\text{aktuelle Feuchte}}{\text{maximale Feuchte}} \times 100\,\%$$

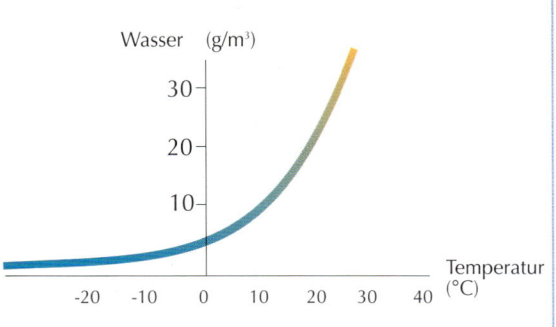

Je wärmer die Luft, desto mehr Wasserdampf kann sie enthalten.

Während in obigem Beispiel bei 5 g Wasserdampf und 3 °C Lufttemperatur die relative Feuchte 100% beträgt, wäre bei gleicher aktueller Feuchte und 20 °C die Luft mit einer relativen Feuchte von 30% sehr trocken.

Als Feuchtemaß wird neben der Masse des Wasserdampfes häufig auch der Druck verwendet, den der Wasserdampf ausübt. Der englische Physiker **John Dalton** fand 1801 heraus, dass der Gesamtdruck eines Gasgemisches gleich den Teildrücken der Einzelgase ist. Wenn der Gesamtdruck 1000 mb beträgt und die Luft zu 78% aus Stickstoff, zu 21% aus Sauerstoff und zu 1% aus Wasserdampf besteht, dann würde der Stickstoff einen Anteil von 780 mb am Gesamtdruck haben und der Sauerstoff wäre mit einem Anteil von 210 mb vertreten. Der **aktuelle Dampfdruck** des Wasserdampfes würde 10 mb betragen. Da die Anzahl der Wasserdampfmoleküle in der Luft gering ist gegenüber der Gesamtzahl der Luftmoleküle, trägt der Wasserdampf auch nur mit einem kleinen Teil zum Gesamtdruck bei.

Was Tau, Nebel und Wolke gemeinsam haben

Die relative Feuchte schwankt also zwischen absoluter Trockenheit von 0% (kommt beim Wetter aber nicht vor) und der Sättigung von 100%. Solange die Sättigung noch nicht erreicht ist, passiert nicht allzu viel; wir empfinden die Luft nur entsprechend trocken oder feucht.

Aber beim Erreichen des Sättigungswertes verwandelt sich der überschüssige Wasserdampf sofort in kleine Wassertröpfchen. Geschieht das am Boden, schlagen sich die Wassertröpfchen als **Tau** nieder. Die Temperatur, bei der das passiert, nennt man deshalb auch **Taupunkt**. Verbleiben die Wassertröpfchen in der Nähe des Bodens, macht sich in der Luft **Nebel** breit und kondensiert der Wasserdampf erst in größeren Höhen, entsteht eine **Wolke**. Wolken, Nebel und Tau sind also das Ergebnis ein und desselben Prozesses und das sichtbare Zeichen unserer »verschwundenen« latenten Energie.

Wenn wir jetzt unsere Überlegungen noch um die **Eisphase** erweitern, dann ist unser Kreislauf geschlossen. Für das Schmelzen von Eis und Schnee wird natürlich auch Energie benötigt, die umgekehrt beim Gefrieren wieder frei wird. Da die Abstände zwischen den Wassermolekülen im festen und flüssigen Zustand nicht so unterschiedlich sind wie zwischen flüssigem und gasförmigem Zustand, ist auch die für den Übergang zwischen fester und flüssiger Phase benötigte Energie weitaus geringer.

Wie Luft »satt« wird

Die Sättigung der Luft ist also ein ganz entscheidender Prozess innerhalb unseres Energietransport-Systems. Um vollständige Sättigung (100%) zu erreichen, gibt es zwei unterschiedliche Möglichkeiten. Wenn wir uns noch einmal klar machen, dass der Taupunkt die Temperatur ist, bei der 100% Sättigung der Luft eintritt, dann können wir die zwei

Möglichkeiten durch Taupunkt und aktuelle Temperatur beschreiben:

- Beim Abkühlen sinkt die Temperatur bis zum Taupunkt. Diesen Vorgang können Sie beobachten, wenn Sie sich an einem heißen Sommertag ein kühles Bier genehmigen. Die Luft kühlt sich am kalten Glas so lange ab, bis der Taupunkt erreicht ist und das Glas mit kleinsten Wassertröpfchen beschlägt. Bleibt das Bier lange genug kalt, setzen sich so viele Tröpfchen ab, dass die sich zu größeren Tropfen verbinden und am Glas runter laufen.

- Bei Zufuhr von Wasserdampf steigt der Wasserdampfgehalt, bis er den Taupunkt bei der aktuellen Temperatur erreicht hat. Auch diesen Prozess erleben Sie ständig. Wenn Sie heiß duschen, steigt der Wasserdampfgehalt der Luft und damit der Taupunkt. Erreicht er die Temperatur des kalten Fensters oder des Spiegels, dann beschlagen diese plötzlich.

Wie Wolken wachsen

Wir haben gelernt, dass die von der Sonne gelieferte Energie nicht nur die feste Erdoberfläche erwärmt, sondern auch eine Menge Wasser verdunsten lässt. Sowohl die erwärmte Luft wie das darin enthaltene verdunstete Wasser – nun feuchte Luft genannt – steigen in die Höhe. Der gesamte Energieinhalt eines solchen feuchten Luftpaketes setzt sich also zusammen aus der fühlbaren Wärme – ausgedrückt durch die Temperatur – und der im Wasserdampf vorhandenen latenten Wärme – ausgedrückt durch den Taupunkt (die Temperatur, bei der die vorhandene Menge Wasserdampf 100 % beträgt).

Die ersten Stufen unseres vertikalen Energietransportes haben Sie kennen gelernt von der molekularen Wärmeleitung bis zur Thermikblase. Dabei lieferte die fühlbare Wärme wie bei einem Heißluftballon den nötigen »Treibstoff«. Beim Aufsteigen dehnt sich die Thermikblase aus, da der Umgebungsdruck immer geringer wird. Dieses Ausdeh-

nen erfordert Arbeit und dafür wird Energie benötigt, die der Thermikblase in Form von Wärme entzogen wird. Die Folge: Die Luft kühlt sich ab und zwar nach 100 m Aufstieg um fast genau 1 °C.

Je nachdem wie feucht die Thermikblase ursprünglich war, wird nach einigen hundert Metern die Luft bis zum Taupunkt abgekühlt sein, der überschüssige Wasserdampf beginnt zu kondensieren, Wassertröpfchen bilden sich, eine Wolke ist entstanden. Die Höhe, in der das geschieht, nennt man **Kondensationsniveau.**

Damit die Wolke nun weiter wachsen kann, liefert die latente Wärme jetzt den »Treibstoff«, denn bei der Kondensation des Wasserdampfes wird die Energie wieder frei, die vorher für das Verdunsten

Im Kondensationsniveau entsteht eine Wolke, weil der unsichtbare Wasserdampf zu Tröpfchen kondensiert. Der gerade Unterrand von Cumuluswolken entspricht dem Kondensationsniveau.

benötigt wurde. Diese frei gewordene Energie kommt jetzt unserer Wolke als fühlbare Wärme zugute und reduziert die durch das Ausdehnen erfolgte Abkühlung. Beim weiteren Aufsteigen der feuchten Luft kondensiert immer mehr Wasserdampf zu kleinen Tröpfchen; die Wolke wächst also mit.

Doch bald ist auch dieser »Treibstoffvorrat« verbraucht, denn je kälter die Luft wird, umso weniger Wasserdampf kann sie enthalten. Der Wolkenturm wird noch durch den Schwung ein bisschen weiter wachsen, um dann wegen der Schwerkraft allmählich zum Stillstand zu kommen.

Ordnung in der Wolkenvielfalt

Nun zeigt der tägliche Blick zum Himmel, dass die Wolken ganz unterschiedlich aussehen und sich auch in verschiedenen Höhen tummeln. Trotzdem ist eine gewisse Ordnung erkennbar. Nach dem Aussehen unterscheidet man:

> **haufenförmig** (Cumulus),
> **schichtförmig** (Stratus) und
> **schleierförmig** (Cirrus).

Zudem lässt sich der Wolkenhimmel als dreistöckiges Gebäude betrachten, wobei in der untersten Etage bis etwa 2 km Höhe die **tiefen Wolken** leben, in der mittleren Etage zwischen 2 und 7 km Höhe die **mittelhohen Wolken** beheimatet sind und in der obersten Etage die **hohen Wolken** zu Hause sind. Zwischen den Etagen verkehren Aufzüge, in denen der vertikale Energietransport bewerkstelligt wird.

Dass die meisten Wolken geschichtet angeordnet sind, liegt an der Schwerkraft und an der Rotation der Erde, die allen Bewegungen eine gewisse Ordnung aufzwingen. Dieses Ordnungsprinzip lässt sich am Rauch einer Zigarette erkennen. Zunächst steigt der Rauch ungeordnet in die Höhe bis der Wärmeüberschuss verbraucht ist. Nach einiger Zeit haben sich flache Rauchschwaden horizontal angeordnet.

Was die Wolken zeigen

Wolken sind also sichtbare Zeichen eines Energietransportes. Neben dem vertikalen Transport von der Erdoberfläche in unser Wolkengebäude existiert aber auch noch der horizontale Ausgleich zwischen dem warmen Äquator und den kalten Polargebieten. Der Energiebedarf in den verschiedenen Etagen wird nun von diesen beiden Transportsystemen im Wechsel gedeckt. Ob Tag oder Nacht, Sommer oder Winter, diese beiden Systeme sorgen dafür, dass Energieangebot und -nachfrage zu jeder Zeit in einem optimalen Gleichgewicht stehen.

Ist der horizontale Transport (Advektion) von warmer Luft aus südlichen Breiten sehr stark, wird der vertikale Energietransport auf ein Minimum zurückgefahren. Es werden also keine Wolkentürme entstehen, sondern nur flache Schichtwolken oder Schleierwolken.

Strömt dagegen kalte Luft aus nördlichen Breiten zu uns, wird unser Wolkenhimmel ganz anders aussehen. Je kälter die ankommende Luft, umso größer der Energiebedarf, der jetzt nur durch unser vertikales Transportsystem (Konvektion) gedeckt werden kann. Mächtige Wolkentürme schießen in den tiefblauen Himmel.

Häufig jedoch überlagern sich advektive und konvektive Vorgänge, sodass die Wolken kein einheitliches Aussehen zeigen. Wenn sich der Charakter der Wolken ändert, dann heißt es aufpassen, denn das deutet auf eine Wetteränderung hin.

Wie die Wolkenfamilien heißen

Nach Aussehen und Wohnetage hat die WMO (**W**orld **M**eteorological **O**rganization) 10 Wolkenfamilien festgelegt und ihnen lateinische Namen gegeben. Wie das Wort »Familie« erkennen lässt, sind Unterscheidungen in einzelne Familienmitglieder möglich, auf die aber hier weitgehend verzichtet wird. Nur wenn sich einzelne Mitglieder im Wettergeschehen besonders hervortun, werden sie genannt.

Hohe Wolken
Leben oberhalb 7 km und bestehen nur aus Eiskristallen.

Mittelhohe Wolken
Leben zwischen 2 (Winter) und 7 (Sommer) km. Bestehen aus Wasser und Eis.

Tiefe Wolken
Sind uns am nächsten und manchmal zum Greifen nah. Bestehen aus Wasser.

△ Cu humilis   ▽ Cu mediocris

△ Cu congestus   ▽ Stratus

Tiefe Wolken

Hier leben die Wolken, deren Untergrenze nicht allzu weit über unseren Köpfen zu sehen ist und unterhalb von 2000 m liegt.

1. Cumulus (Cu)

Die typische Quellwolke, die auf vertikalen Energietransport schließen lässt. Je nach Mächtigkeit unterscheidet man 3 Familienmitglieder:

Cu **humilis** (lat.: flach, niedrig)
Sie ist die typische Schönwetterwolke im Sommer. Der aufgeheizte Boden lässt Thermikblasen in die Höhe schießen. Doch ist die Luft so trocken, dass es nur zu winzigen Quellwolken reicht.

Cu **mediocris** (lat.: gemäßigt)
Er ist der häufigste Vertreter seiner Familie und zeigt sich recht harmlos. Das einzig Bemerkenswerte ist sein schattiges Verhalten. Wenn er allerdings zu wachsen beginnt, ist Vorsicht geboten, denn dann ist es nicht weit bis zu seinem größeren Bruder:

Cu **congestus** (lat.: Anhäufung, Masse)
Er reicht mit seiner Kuppel bis weit in die mittlere Etage. In seinem oberen Bereich kann er schon aus Eiskristallen bestehen und dann gibt es kräftige **Regen-** oder **Schneeschauer**.

2. Stratus (St)

Diese einförmige Wolkenschicht sieht ziemlich langweilig aus, da sie ohne scharfe Untergrenze trist und grau den ganzen Himmel bedeckt. Meist ist die graue Schicht aber so dünn, dass die Sonne als Scheibe klar zu erkennen ist. Wenn die Schicht dicker wird, kann leichter **Niesel-** oder **Sprühregen** fallen, im Winter feine **Schneesterne**. Häufig wird diese Wolkenschicht auch **Hochnebel** genannt, weil vor allem im Winter die Untergrenze zum Greifen nahe ist und Kirchturmspitze oder Hochhäuser in der Wolke verschwinden.

3. Stratocumulus (Sc)

Der Sc ist die häufigste Wolkenform bei uns. Er taucht bei allen Wetterlagen auf und ist – wie der Name schon sagt – eine Wolke, die einerseits geschichtet erscheint, aber durch Bodeneinflüsse wie Erwärmung oder auch turbulenten Wind in meist weiße bis hellgraue Schollen gegliedert ist.

Mittelhohe Wolken

Die mittelhohen Wolken leben zwischen 2 und 7 km Höhe. Im Winter schon bei 2–3 km, ziehen sie sich im Sommer wegen der Wärme und der meist trockeneren Luft in 5–7 km Höhe zurück.

4. Altostratus (As)

Eine graue, recht einförmige Wolkenschicht. Manchmal sind streifenförmige Strukturen erkennbar. Die Wolke besteht aus Wassertropfen und Eiskristallen und ist fast immer so mächtig, dass die Sonne nicht durchscheinen kann.

△ Stratocumulus ▽ Altostratus

5. Altocumulus (Ac)

Diese Wolken werden meist als grobe »**Schäfchenwolken**« bezeichnet und erscheinen weißgrau aus Flecken und Ballen zusammengesetzt. Die einzelnen Wolkenelemente entsprechen in ihrer Ausdehnung etwa der Breite von 2–3 Fingern bei ausgestreckter Hand.

Diese Wolkenfamilie kommt bei uns sehr häufig vor und viele ihrer Mitglieder geben Hinweise auf die weitere Wetterentwicklung. Zwei von ihnen sollen hier vorgestellt werden, weil sie charakteristisch sind für ganz unterschiedliche Verhältnisse in der Atmosphäre.

△ Altocumulus ▽ Ac castellanus

Ac **castellanus** (lat.: zur Burg gehörig)

Schon der Name weist auf das Aussehen dieser Wolke hin. Die Quellungen, die aus einer Ac-Wol-

Ac lenticularis. Tritt in den Alpen, im Erzgebirge und in der Eifel häufig in Verbindung mit Föhn auf.

kenbank herausragen, sind ziemlich regelmäßig angeordnet und erinnern an eine mit Zinnen bewehrte Burgmauer. Diese Wolke ist vor allem im Sommer Vorbote eines kräftigen Gewitters, denn das Aufquellen deutet auf den Beginn eines vertikalen Energietransports hin.

Ac **lenticularis** *(lat.: linsenförmig)*

Das genaue Gegenteil deutet diese Wolke an. Silbrig glänzend scheint sie unverrückbar am Himmel zu stehen, meist mit Gleichgesinnten in einem bestimmten Abstand. Hier findet überhaupt kein vertikaler Energietransport statt. Man sagt, die Luft sei stabil geschichtet. Einmal aus dem Gleichgewicht gebracht, z.B. beim Überströmen eines Berges, pendelt die Luft um die Ruhelage und der obere Teil dieser Schwingung lässt diese linsenförmigen Wolken entstehen.

Hohe Wolken

In dieser Etage ist es bitter kalt und die Temperaturen liegen meist unter minus 40 °C. Das hat zwei Konsequenzen:

- Es gibt kaum Wasserdampf und
- das bisschen besteht nur noch aus Eiskristallen.

Deshalb erscheinen diese Wolken wie Schleier oder Fasern ohne klar definierten Rand.

6. Cirrus (Ci)

Die Cirren werden wegen ihres Aussehens auch **Federwolken** genannt. Meist sind sie hellweiß mit einem seidenen Glanz und erscheinen als faserige, schleierförmige oder bauschige Fäden, Bänder oder Flecken.

7. Cirrostratus (Cs)

Der Cs ist ein milchig weißer Wolkenschleier, der fast den ganzen Himmel bedeckt oder sich durch eine glatte Begrenzung vom sonst wolkenlosen Himmel abhebt. Er ist so dünn, dass die Sonne praktisch ungehindert durchscheinen kann. Allerdings erzeugen die Eiskristalle durch Lichtbrechung eindrucksvolle Erscheinungen (**Halos**) wie farbige Ringe, Säulen oder Nebensonnen. Auch nachts ist der Cs bei Mondschein durch solche Halo-Erscheinungen zu erkennen.

8. Cirrocumulus (Cc)

Der Cc kann manchmal noch stark unterkühlte Wassertröpfchen enthalten. Als feine **Schäfchenwolken** setzt sich der Cc aus kleinen weißen Flecken zusammen, die mehr oder weniger regelmäßig in Bändern oder Gruppen erscheinen. Oft lassen sie sich nur schwer von einem hohen Ac unterscheiden. Die einzelnen Wolkenteile sind kleiner als beim Ac und entsprechen etwa der Breite des kleinen Fingers bei ausgestrecktem Arm.

△ Cirrus △ Cirrostratus

▽ Cirrocumulus

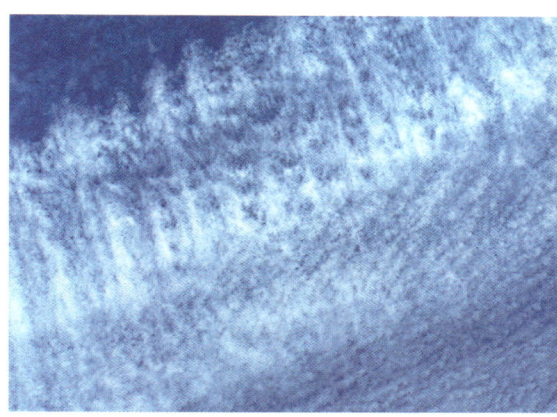

Die »Nimbus«-Familie

Das Wort »Nimbus« bedeutet Sturmwolke oder Platzregen. Damit ist klar, was uns bei dieser Wolkenfamilie erwartet. Die Mitglieder sind wahre Riesen, passen überhaupt nicht in eine Etage, sondern nehmen fast das ganze Gebäude ein und heißen Nimbostratus und Cumulonimbus.

Da Wolken – wie wir gelernt haben – sichtbare Zeichen eines Energietransports sind, müssen sie extreme Verhältnisse repräsentieren:

- der **Nimbostratus** entsteht durch starken **horizontalen** Warmluft-Transport **(Advektion)**,
- der **Cumulonimbus** bildet sich bei starkem **vertikalen** Warmluft-Transport **(Konvektion)**.

9. Nimbostratus (Ns)

Wenn es draußen so richtig ungemütlich ist und stundenlang regnet oder schneit, dann beherrscht der Nimbostratus das Wettergeschehen. Die dunkelgraue Wolkenmasse ist mehrere Kilometer mächtig, reicht von wenigen hundert Metern über dem Erdboden bis weit in die mittlere Etage und lässt so natürlich kein Sonnenlicht durch, sodass selbst in den Mittagsstunden die Lichter eingeschaltet werden müssen. Durch den lang anhaltenden **Landregen** bilden sich unterhalb des Ns Stratusfetzen, die der meist kräftige Wind rasend schnell vorübertreibt.

Cumulonimbus. Wenn früher die Götter zürnten, dann war diese Gewitterwolke mit Blitz und Hagel das Zeichen.

10. Cumulonimbus (Cb)

Der unbestrittene Herrscher des Himmels ist der Cumulonimbus. Von der untersten Etage quillt er durch alle Stockwerke bis zu den Cirren. Manchmal schießt er auch noch über diese Höhen hinaus und dann sind Unwetter die Folge. Im Höhepunkt seines Wachstums erscheint er von der Seite wie ein riesiger Amboss. Dort vereisen die Wassertröpfchen und die vorher scharfe Wolkenobergrenze wird faserig. Wird der Cb von der Sonne beschienen, wölbt sich über einem dunklen Fuß der massige Wolkenkörper mit gleißend hellen und schattigen Bereichen. Steht der Cb vor der Sonne, erscheint er drohend grau und steht er gar über einem, sieht man nur noch eine dunkelgraue bis schwarze Wolkenmasse über

sich. Drohendes Grummeln signalisiert, dass heftige Regenschauer, von **Blitz** und Donner begleitet, in Kürze niedergehen werden. **Hagel** wird von einem unwirklich fahlen, gelblichgrünen Leuchten innerhalb der schwarzen Wolkenmasse angekündigt.

◁ *Nimbostratus. Die typische Schlechtwetterwolke mit stundenlangem Regen.*

Wird die Spannung zwischen Erde und Wolke ▷ zu groß, fährt der Blitz in den Boden.

Tornados – der Hölle nahe

Wenn Sie zwischen März und Juli in Amerika fernsehen und es taucht in einer Ecke des Bildschirmes eine Landkarte auf mit Rot eingefärbten Distrikt-Gebieten, dann sollten Sie sofort Einheimische fragen, denn das ist eine **Tornado-Warnung**. In so einem Fall wird jedes Fernsehprogramm unterbrochen und die Warnungen werden alle 5 Minuten erneuert.

Ein **Tornado** ist ein sehr schnell rotierender Wind, der um ein schmales Gebiet extrem niedrigen Druckes weht. Am Boden ist er entweder als trichterförmige Wolke zu sehen oder als wirbelnde Wolke aus Sand, Schutt und Trümmern. Er stellt die größte Energiekonzentration dar, die in der Atmosphäre überhaupt möglich ist.

Tornados werden in vielen Gegenden der Welt beobachtet, aber nirgends so häufig wie in der **Tornado-Allee**, die sich von Nord-Texas bis nach Nebraska erstreckt. Das liegt an den natürlichen Gegebenheiten:

▶ Der **Golf von Mexiko** ist ein Reservoir sehr warmer und feuchter Luft.
▶ Die Bergkette im Westen von der **Sierra Madre** bis zu den **Rocky Mountains** begünstigt 1. die Tiefdruckbildung und 2. durch Leewirkung das Austrocknen kalter Luft aus Westen.

Wenn ein Tief östlich der Berge über den **Great Plaines** entsteht, saugt es auf der Vorderseite die energiereiche feuchtwarme Luft aus dem Golf an. In etwa 3000 m Höhe strömt kalte Luft aus Westen über die Berge, sinkt ab, trocknet aus und legt sich über die warme Luft. Wie der Deckel eines Kochtopfes verhindert sie das Aufsteigen der warmen Luft. Es beginnt tagsüber zu brodeln und irgendwann am Nachmittag hält der »Deckel« nicht mehr und explosionsartig schießt die feuchtwarme Luft in die Höhe. Es entstehen riesige Gewittertürme, die aus mehreren einzelnen Gewitterzellen bestehen und ein Gebiet von der Größe Süddeutschlands überdecken. Trocken-kalte und feucht-warme Luft beginnen zu rotieren und aus

Der Tornado rotiert mit unvorstellbar hoher Geschwindigkeit. Die Wolke am Boden besteht aus hochgewirbeltem Staub.

diesen Gegensätzen wird die Energie frei für die Entstehung von Tornados. Meist geschieht dies im Südwest-Quadranten einer Gewitterzelle. Im Satellitenbild und/oder auf dem Radar ist dann eine hakenförmige Ausbuchtung der Bewölkung zu sehen, deshalb auch »**hook**« genannt.

Die meisten Tornados haben einen Durchmesser von 100–600 m, leben nur wenige Minuten, ziehen dabei 5–7 km weit und rotieren nur mit Geschwindigkeiten zwischen 100 und 180 km/h. Doch manchmal ist die Energie so gewaltig, dass Teile der Gewitterwolke über die Tropopause in die Stratosphäre schießen und wie eine Kuppel über die anderen Wolken ragen. Dieses »**overshooting**« geschieht in so genannten »**supercells**« und lässt die gefährlichsten Tornados entstehen, die mehr als 1 Stunde mit unwirklichem Getöse toben, 100 km und mehr zurücklegen und dabei mit 330 bis über 500 km/h (!!) rotieren können.

Im Mai 1999 kamen bei schweren Tornados in Oklahoma und Kansas 49 Menschen ums Leben. Die Schäden wurden allein in Oklahoma City auf mehr als 1,8 Milliarden Mark geschätzt. Einer der zahlreichen Tornados rotierte mit 508,8 km/h; die höchste je am Erdboden gemessene Windgeschwindigkeit. Die zerstörerische Kraft resultiert einmal aus dem enormen Winddruck und dem plötzlichen Druckabfall (etwa 100 mb!) zum Zentrum des Tornados. Da die Energie mit dem Quadrat der Geschwindigkeit zunimmt, werden bei solch unvorstellbaren Geschwindigkeiten Häuser einfach weggeblasen oder Autos in die Luft geschleudert. Sie krachen mehrere hundert Meter entfernt auf den Boden. Selbst kleine Holzsplitter können zu Geschossen werden und Menschen verletzen. Ein Getreidehalm durchschlug den Hals eines Mannes; zum Glück konnte er gerettet werden.

Wie Nebel entsteht

Nebel ist zunächst einmal nichts anderes als eine Wolke am Boden. Also müssen die gleichen Prozesse stattfinden wie beim Entstehen einer Wolke, d. h. die Luft muss gesättigt werden. Wie wir wissen, kann dies auf zwei verschiedenen Wegen passieren:

▸ Die Luft kühlt bis zum Taupunkt ab, was bei den meisten Nebelformen der Fall ist.
▸ Durch Zufuhr von Wasserdampf steigt der Taupunkt bis zur Lufttemperatur.

Da die Erdoberfläche sehr unregelmäßig gegliedert ist und sich die verschiedenen Böden, Pflanzen und Gebäude ganz unterschiedlich gegenüber Aufnahme, Speicherung und Abgabe von Wärme verhalten, können Nebelfelder unverhofft auftreten, was vor allem für die Autofahrer sehr gefährlich ist. Die meisten Nebel lassen sich einer der folgenden 6 Klassen zuordnen:

Ein typischer Herbstmorgen. Nebel ist eine am Boden aufliegende Wolke. Der feuchte Boden hat sich nachts stärker abgekühlt als der Wald

Strahlungs- oder Bodennebel

Das ist die häufigste Nebelart. In klaren, windschwachen Nächten verliert der Boden sehr schnell Wärme, wird kalt und kühlt auch die unterste Luftschicht (1). Die schwere, kalte Luft fließt in die Niederungen (2). Nebel bildet sich, wenn die Luft bis zum Taupunkt abkühlt (3). Nach Sonnenaufgang wird die Luft über den Taupunkt erwärmt; der Nebel wird »weggeheizt« (4).

Mittlere Hanglagen sind für Weinanbau am besten geeignet. In den Frühjahrs- und Herbstnächten bleiben sie frostfrei.

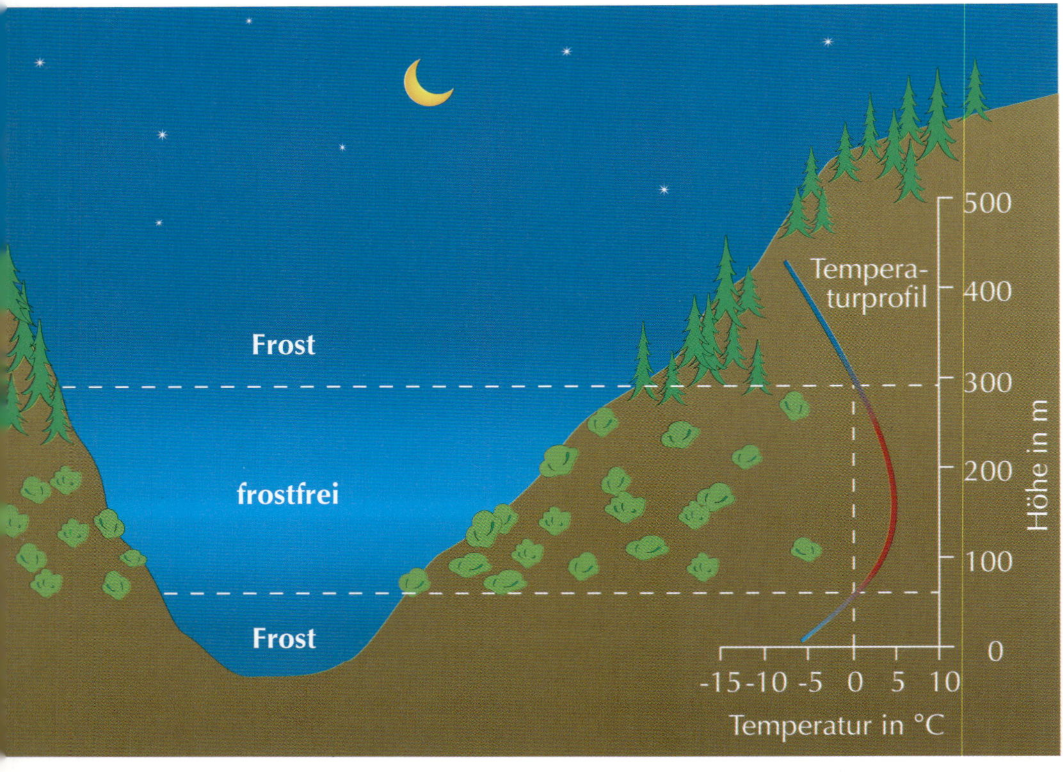

Talnebel

In den Tälern der Mittelgebirge und der Alpen wird der Strahlungsnebel durch den Zufluss kalter Luft von den benachbarten Hängen verstärkt. In den Wintermonaten kann der Talnebel mehrere hundert Meter mächtig werden (1). Die schwache Wintersonne ist nicht stark genug, um den Nebel zu verdunsten, aber kann den Boden soweit erwärmen, dass sich der bodennahe Nebel auflöst; darüber hält sich **Hochnebel** (2). Erst ein Wetterumschwung mit kräftigem Wind vertreibt den Nebel (3).

Im Donautal, am Bodensee, im Mittelland und im Kärntner Becken kann sich im Winter eine solche Nebel- und Hochnebelsuppe tage- und wochenlang halten.

Advektionsnebel

Durch den Begriff »Advektion« wird deutlich, dass dieser Nebel beim horizontalen Transport warmer und feuchter Luft entsteht.

Wind treibt warme und feuchte Luft heran (1). Wenn die Luft über kalten Boden strömt, kühlt sie bis zum Taupunkt ab und Nebel entsteht (2). Besonders küstennahe Gebiete sind davon betroffen.

Advektionsnebel kann im Winter das gesamte **Norddeutsche Tiefland** zudecken, wenn Nordwestwind feuchte Luft von der noch warmen Nordsee ins Landesinnere treibt. Vor allem bei der Luftfahrt kann das zu Verspätungen oder gar zu Flugausfällen führen.

Im Frühsommer herrschen in Norddeutschland umgekehrte Verhältnisse. Das Nordseewasser ist noch kalt. Wenn dann von Großbritannien her milde Luft über das kalte Wasser strömt, bildet sich dichter Nebel, der dann vom Nordwestwind ins Norddeutsche Tiefland getrieben wird. Da der Boden aber schon warm ist, verdunstet der bodennahe Nebel, doch hält sich eine Hochnebeldecke. Statt Sonnenschein und 20 Grad zu genießen, frieren die Niedersachsen unter der grauen Decke bei nur 10 Grad.

Hangnebel

Bei dieser Nebelart wird die Luft nicht durch kalten Boden abgekühlt, sondern durch Hebung. Diese Nebelart findet man vor allem an den Nordhängen der deutschen Mittelgebirge und auf der Alpensüdseite im Tessin, in Südtirol sowie in Kärnten und der Steiermark.

Wind bläst feuchte Luft gegen die Berge (1). Bei der Hebung kühlt die Luft bis zum Taupunkt ab und Nebel entsteht (2). Der scheint die Berghänge hinaufzukriechen (3).

Seerauch

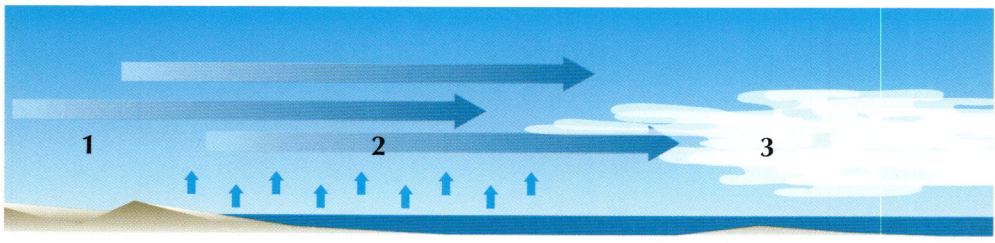

Eine besondere Nebelart, die bei plötzlichem Kaltlufteinbruch in Herbstnächten zu beobachten ist, wenn das Wasser noch warm ist. Die Bergseen in den Alpen können auch tagsüber »rauchen«.

Kalte Luft weht über wesentlich wärmeres Wasser (1). Wasser verdunstet in die kalte Luft; dadurch steigt der Taupunkt (2). In geringem Abstand über dem Wasser kondensiert der Wasserdampf zu Nebelschwaden (3).

Seerauch. Wenn im Herbst das Wasser noch warm ist, können Seen bei Kaltluft »rauchen«.

Niederschlagsnebel

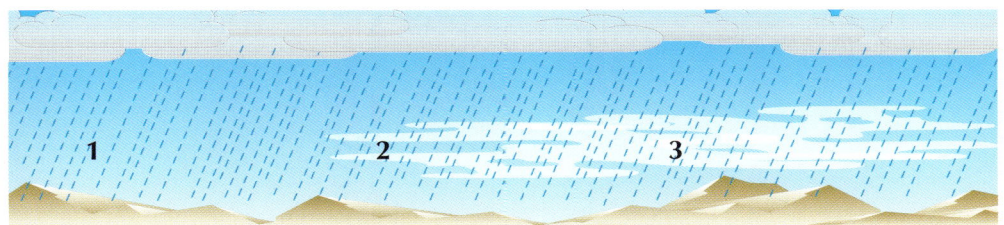

Auch bei dieser Nebelart wird der Taupunkt erhöht, allerdings nicht durch Verdunsten über warmem Wasser, sondern durch Verdunsten von Regentropfen.

Einige Regentropfen verdunsten und kühlen dabei die Luft (1). Der zusätzliche Wasserdampf erhöht den Taupunkt bis zur Lufttemperatur (2). Der Wasserdampf kondensiert zu kleinen Nebeltröpfchen (3).

Auch bei Schneefall kann so ein Nebel entstehen. Die schlechte Sicht resultiert dann nicht nur aus den dicht fallenden Schneeflocken, sondern auch aus den Nebeltröpfchen, die sich immer wieder dazwischen bilden.

Beim Wetter ist es häufig so: Was uns am meisten zu schaffen macht, liefert die schönsten Fotomotive.

WIE NIEDERSCHLÄGE ENTSTEHEN

Jedes Kind weiß, dass es ohne Wolken nicht regnen oder schneien kann. (Wie wir noch sehen werden, stimmt das nicht ganz.) Warum es aber beim wärmsten Wetter hagelt, die eine Wolke Regen, die andere Schnee und die dritte überhaupt keinen Niederschlag liefert, das ist sicherlich nicht allen so klar.

Zwischen Wolken- und Niederschlagsbildung muss es also Unterschiede geben. Wir wissen inzwischen, dass Wolken durch Kondensation von Wasserdampf zu Wassertröpfchen entstehen. Doch Kondensation alleine reicht in den meisten Fällen nicht aus, um Regentropfen wachsen zu lassen.

Wie ein Wolkentröpfchen wächst

Schauen wir zunächst beim Wachsen eines Wolkentröpfchens zu. Die Aussage, dass Wolkentröpfchen durch Kondensation entstehen, ist zwar richtig, aber nicht vollständig. Wenn der Taupunkt erreicht ist, beginnt die Kondensation nicht einfach so, sondern an so genannten **Kondensationskernen**. Das sind winzig kleine Partikel in der Größenordnung von 0,02 mm, die entweder als Staubteilchen oder Salzpartikel in großer Zahl in der Luft schweben.

Wenn erst einmal ein Wolkentröpfchen entstanden ist, hängt der weitere Lebensweg von seinem Verhältnis zur Umwelt ab. Befindet es sich mit der Umgebung im Gleichgewicht, wird es nicht weiter wachsen, da genauso viele Wassermoleküle auf der Oberfläche des Wolkentröpfchens kondensieren wie von dort verdunsten; es herrscht dann an der Oberfläche des Tropfens Sättigung und der entsprechende Dampfdruck wird **Sättigungs-Dampfdruck** genannt.

◁ *Wenn der Regen über dem ZDF-Gebäude prasselt…*

Größenvergleich Kondensationskern und ▷ *Regentropfen.*

Nun hat ja so ein kleiner Tropfen eine größere Oberfläche als eine ebene Wasserfläche, also verdunsten auch mehr Wassermoleküle. Es müssen also mehr Wassermoleküle in der Umgebung vorhanden sein, die an der Oberfläche wieder kondensieren können, um den Verlust durch Verdunstung auszugleichen, d.h. der Dampfdruck muss höher sein. Wenn Luft gegenüber einer ebenen Wasserfläche gesättigt ist, dann ist sie bezüglich eines gekrümmten Tropfens ungesättigt (**Krümmungseffekt**). Oder anders ausgedrückt: Damit ein Wolkentröpfchen nicht gleich wieder verdunstet muss die Luft **übersättigt** sein, d.h. die relative Feuchte muss mehr als 100% betragen. Je kleiner der Tropfen, umso größer die Krümmung, umso höher die Übersättigung, damit das Wolkentröpfchen im Gleichgewicht mit der Umgebung bleibt.

Nun muss die Übersättigung nur wenige Zehntel Prozent betragen und bei größeren Wolkentröpfchen (= geringere Krümmung) kann der Grad der Übersättigung vernachlässigt werden. Aber es geht ja nun mal bei der Kondensation erst einmal im Kleinen los! Wie können also kleine Tröpfchen nach der Geburt überstehen, ohne gleich wieder zu verdunsten?

Regentropfen
2000 μm

Wolkentröpfchen
20 μm

Kondensationskern
0,2 μm

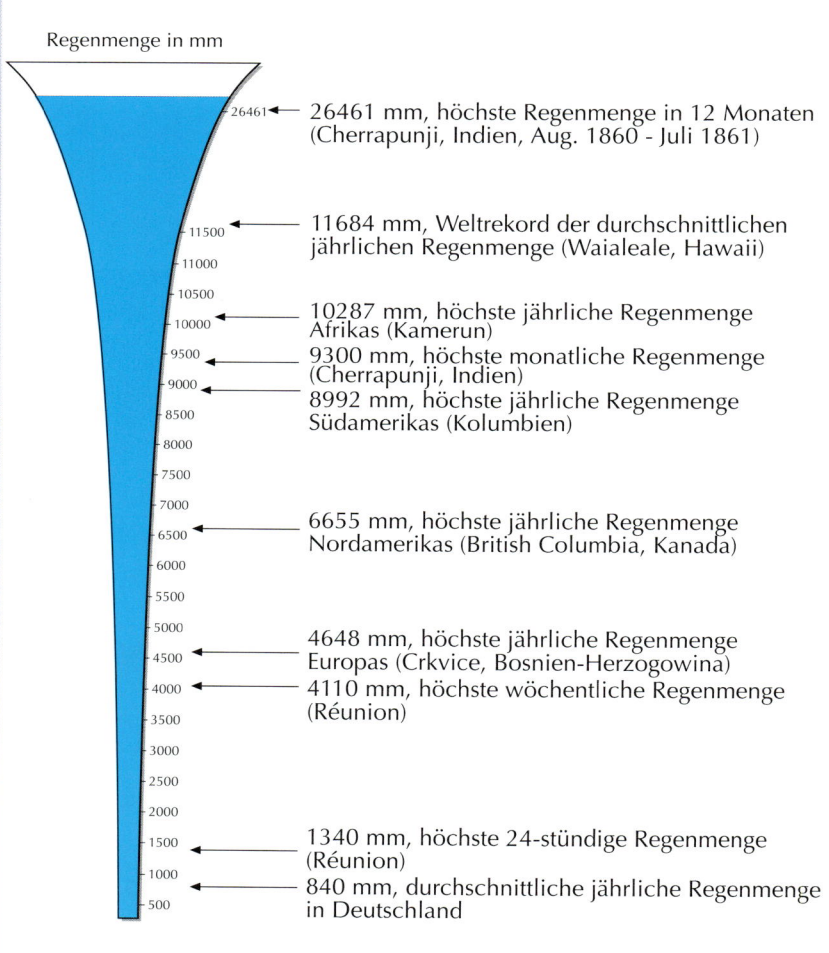

Regenmenge in mm

26461 mm, höchste Regenmenge in 12 Monaten (Cherrapunji, Indien, Aug. 1860 - Juli 1861)

11684 mm, Weltrekord der durchschnittlichen jährlichen Regenmenge (Waialeale, Hawaii)

10287 mm, höchste jährliche Regenmenge Afrikas (Kamerun)

9300 mm, höchste monatliche Regenmenge (Cherrapunji, Indien)

8992 mm, höchste jährliche Regenmenge Südamerikas (Kolumbien)

6655 mm, höchste jährliche Regenmenge Nordamerikas (British Columbia, Kanada)

4648 mm, höchste jährliche Regenmenge Europas (Crkvice, Bosnien-Herzogowina)

4110 mm, höchste wöchentliche Regenmenge (Réunion)

1340 mm, höchste 24-stündige Regenmenge (Réunion)

840 mm, durchschnittliche jährliche Regenmenge in Deutschland

Wenn Sie mal wieder über den Regen schimpfen, dann schauen Sie sich die Zahlen in dieser Tabelle an. In Deutschland fallen im Jahresdurchschnitt 840 mm Regen und Schnee. Fast 5-mal so viel kamen auf der Insel Reunion östlich von Madagaskar bei einem tropischen Sturm in einer Woche vom Himmel.

Zum Glück haben wir die Kondensationskerne, ohne die ja die Geburt eines Wolkentröpfchens schon gar nicht möglich wäre. Die meisten dieser Kondensationskerne stammen von den riesigen Ozeanflächen durch Verdunstung salzhaltigen Wassers. Und diese salzigen Kondensationskerne binden ganz begierig Wasserdampf an sich, d.h. sie sind **hygroskopisch.** Wenn Wasserdampf an solch einem salzigen Kern kondensiert, dann mischen sich Salz- und Wassermoleküle zu einer Lösung. Und da die Salzpartikel die Wassermoleküle stark an sich binden, können die nicht so leicht verdunsten. Damit Gleichgewicht herrscht, müssen entsprechend weniger Wassermoleküle aus der Umgebung kondensieren, d.h. der Sättigungsdampfdruck über einem salzigen Wolkentröpfchen kann geringer sein.

So führt dieser **Lösungseffekt** dazu, dass sich ein salziges Wolkentröpfchen mit seiner Umgebung im Gleichgewicht befindet, wenn die relative Feuchte der Luft weit weniger als 100 % beträgt. Bei den meisten salzhaltigen Kondensationskernen wird die Sättigung schon bei rund 75 % relativer Feuchte erreicht. Steigt die relative Feuchte der Luft an (z.B. durch Hebung mit entsprechender Abkühlung), setzen sich die Wasserdampf-Moleküle schneller an dem salzigen Tröpfchen fest, als von dort verdunsten; und so kann der Tropfen wachsen.

Wir haben also jetzt eine Wolke, die aus vielen kleinen Wolkentröpfchen besteht und friedlich am Himmel entlangzieht. Das war eine schwere, lange Geburt. Es würde Tage dauern, bis auf diese Art und Weise aus einem Wolkentröpfchen endlich ein Regentropfen entstanden wäre. Dies ist nur der Fall, wenn sich ein tiefer Stratus oder Hochnebel tagelang hält; dann kann es ganz leicht nieseln.

Ungefähr eine Million normale Wolkentröpfchen sind nötig, um einen einzigen Regentropfen durchschnittlicher Größe zu produzieren. Also müssen andere Prozesse stattfinden, die innerhalb einer Stunde in der Lage sind, aus einer Quellwolke heftige Regenschauer niedergehen zu lassen. Welche Prozesse im Einzelnen ablaufen, ist noch nicht völlig geklärt, aber die beiden wichtigsten sollen vorgestellt werden.

Das Entstehen von Eiskristallen

Der wichtigste Prozess in unseren Breiten ist der so genannte **Bergeron-Prozess,** benannt nach dem schwedischen Meteorologen **Tor Bergeron,** der die Theorie entwickelte, dass auch die Regentropfen ursprünglich Eiskristalle gewesen sein müssen. Und das scheint auch bei den meisten Wolken der Fall zu sein, die bei uns Niederschlag liefern.

Schauen wir zurück auf unser Wolkengebäude, in dem die oberste Etage mit den Cirrus-Wolken bei etwa 7 km Höhe beginnt. Wenn Sie an Ihren letzten Urlaubsflug denken, werden Sie sich vielleicht an die Durchsage des Piloten erinnern, dass bei einer Flughöhe von 9 km eine Außentemperatur von -55 °C herrschte. In dieser Höhe ist es also bitter kalt.

In der Schule haben wir gelernt, dass Wasser bei Temperaturen unter 0 °C friert. Und die Erfahrung

Dass Wasser nicht sofort bei Frost gefriert, wissen Sie von gestreuten Straßen. In der Wolke verhindert zusätzlich die Oberflächenspannung der Tröpfchen das Gefrieren (vgl. Text).

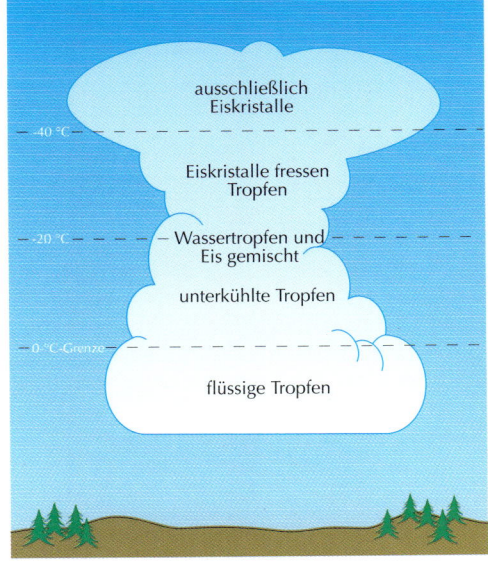

bei morgendlichem Eiskratzen an der Windschutzscheibe scheint das zu bestätigen. Aber wir wissen auch, dass die Straßen eisfrei bleiben, wenn die Räumfahrzeuge gestreut haben. Also scheint es einen frostigen Temperaturbereich zu geben, bei dem Wasser sowohl in flüssigem als auch in gefrorenem Zustand vorkommt.

Wir stellen uns vor, dass wir vom Boden aus durch einen Cumulonimbus (Cb) bis an seine Obergrenze fliegen könnten. Da so ein Cb durch alle Wolkenetagen reicht, können wir in der Wolke bei jeder Temperatur nachschauen, ob Wasser in flüssiger oder fester Form vorhanden ist. Wie erwartet finden wir im unteren Bereich der Wolke, in dem die Temperatur noch im positiven Bereich liegt, nur Wassertröpfchen. Doch auch im negativen Temperaturbereich bestehen alle Wolkentröpfchen zunächst nur aus flüssigem Wasser. Man bezeichnet solche Wolkentröpfchen als **unterkühlt**. Sogar in größeren Höhen, wo es schon -10 °C bis -12 °C kalt ist, treffen wir erst 1 Eiskristall auf 1 Million flüssiger Tröpfchen. Allmählich werden die Eiskristalle mehr, doch noch in etwa 5 km Höhe bei Temperaturen um -20 °C überwiegen die unterkühlten Wassertröpfchen. Erst bei noch tieferen Temperaturen treffen wir mehr Eiskristalle als Wassertröpfchen an. Doch müssen wir etwa 7 km hoch fliegen, um nur noch Eiskristalle zu finden. Denn das ist erst bei Temperaturen unter -40 °C der Fall.

Reines Eis schmilzt, wenn die Temperatur auf 0 °C steigt, aber umgekehrt friert Wasser nicht notwendigerweise wenn die Temperatur unter 0 °C sinkt. Über großen Wasserflächen bildet sich Eis gewöhnlich bei Temperaturen knapp unter dem Gefrierpunkt. Aber je kleiner ein Wassertropfen, umso kälter muss es sein, bis er gefriert. Ein Wassertröpfchen mit einem Durchmesser von 0,025 mm gefriert z.B. erst bei -35 °C und bei noch kleineren Tropfen muss die Temperatur schon nahe -40 °C liegen. Diesen Vorgang nennt man **spontanes Gefrieren**.

Im Temperaturbereich zwischen Gefrierpunkt und spontanem Gefrieren entstehen die meisten Eispartikel, indem unterkühlte Wolkentröpfchen zusam-

Eiskristalle sind im Allgemeinen sechsstrahlig. Bei typischen Schneeflocken sind Eiskristalle miteinander verklumpt.

menstoßen und durch die Erschütterung innerhalb des Tropfens erste Eiskristalle entstehen. So ein »**Eis-Embryo**« wirkt nun selbst wie ein Kern, an dem weitere unterkühlte Wassermoleküle als Eiskristalle »andocken«, und so gefriert allmählich ein unterkühlter Wassertropfen. Diesen Vorgang nennt man **Kontakt-Gefrieren**.

Doch weder die unterkühlten, noch die gefrorenen Teilchen sind groß und schwer genug, um als Niederschlag aus der Wolke nach unten zu fallen. Aber es gibt nun ein Nebeneinander von unterkühlten Wolkentröpfchen, Eiskristallen und Wasserdampf. Und nun setzt ein gnadenloser Verdrängungsprozess ein. Der Sättigungsdampfdruck über den unterkühlten Wolkentröpfchen ist größer als über den Eiskristallen, weil die Wassermoleküle die Flüssigkeit leichter verlassen können als das kristalline Eis. Die Wasserdampfmoleküle werden förmlich von den Eiskristallen angesaugt. Dadurch sinkt der Dampfdruck über den Tröpfchen, da die sich nun nicht mehr im Gleichgewicht mit der Umgebung befinden. Sie verdunsten und so entsteht ein kontinuierlicher Strom an Wasserdampf von den unterkühlten Tröpfchen zu den Eiskristallen. Während die Eiskristalle nun unaufhörlich wachsen, verdunsten immer mehr unterkühlte Wassertröpfchen. Gleichzeitig stürzen sich die noch wenigen Eiskristalle auf die riesige Anzahl von Tröpfchen, die beim Zusammenstoß an den Eiskristallen anfrieren und so die verschiedensten Schneekristalle bilden. Und so wandelt sich eine ursprünglich reine Wasserwolke allmählich in eine reine Eiswolke, je kälter die Wolkenluft wird. Eiskristalle sind so »gefräßig«, dass sie innerhalb von 20 Minuten um das 10 000fache (!) wachsen können.

Wie Regen ohne Eis entsteht

Aber auch Wolken, die relativ warm und an ihrer Obergrenze nicht kälter als -15 °C sind, können Regen liefern. Dabei spielt der Zusammenstoß von Wolkentröpfchen die entscheidende Rolle. Damit die Kollisionen in der notwendigen Anzahl stattfinden, müssen zunächst einmal die Wolkentröpfchen unterschiedlich groß sein, damit sie verschieden schnell in der Wolke unterwegs sind.

Beim Zusammenstoß können sich zwei Tröpfchen zu einem größeren Tropfen vereinigen. Wegen der Oberflächenspannung muss das aber nicht immer der Fall sein. Sie können z.B. ein Glas mit Wasser bis zum Rand füllen und dann vorsichtig eine Stecknadel auf die Wasseroberfläche legen; die wird nicht untergehen.

Beim Fallen fängt ein größerer Tropfen auf der Vorderseite kleine Tröpfchen ein, während andere auf der Rückseite durch Sog angezogen werden. Da dies alles im Verhältnis zum Wachstum der Eispartikel sehr langsam vor sich geht, ist die Verweildauer dieser Tröpfchen innerhalb der Wolke sehr wichtig. Zum Beispiel fällt ein sehr großer Wolkentropfen (0,2 mm) bei ruhiger Luft in 12 Minuten durch eine 500 m dicke Wolke. Wenn in der Wolke Aufwind herrscht, dann verringert das die Fallgeschwindigkeit und der Wolkentropfen kann noch größer werden. Das ist bei einem warmen **Stratus** der Fall, in

dem durch solche Zusammenstöße Wolkentröpfchen so groß werden können, dass sie als **Nieselregen** bis zum Boden fallen können.

In den **Tropen** ist es so warm, dass selbst mächtige Quellwolken bis zur Obergrenze im positiven Temperaturbereich bleiben. Da in solchen warmen Quellwolken starke Aufwinde herrschen, werden die Wolkentröpfchen lange getragen und können durch Zusammenstöße zu richtig großen Regentropfen wachsen.

Die »Wasserkraftwerke«

Ein wichtiger Energietransporteur ist ja das Wasser und wir wissen, dass 540 kcal benötigt werden, um 1 Liter Wasser zu verdunsten. Die gleiche Energiemenge wird in der Wolke wieder frei, wenn der Wasserdampf kondensiert und irgendwann als Regen fällt. Ein kleines Rechenbeispiel soll Ihnen verdeutlichen, welch riesige Energiemengen dabei umgesetzt werden.

Wir nehmen an, dass es in meiner Heimat Rheinland-Pfalz mit einer Fläche von rund 20 000 km² (= 2×10^{10} m²) in 3 Stunden etwa 1 mm/m² geregnet hat. Das ist ein ganz gewöhnlicher leichter Landregen. Da 1 mm/m² nun genau 1 Liter ist, sind insgesamt in Rheinland-Pfalz 2×10^{10} Liter Regen gefallen. Bei der Kondensation des Wasserdampfes müssen $2 \times 10^{10} \times 540$ kcal, also rund 10^{13} kcal in den Wolken als Wärme frei geworden sein. Das sind 10 Billionen kcal in 3 Stunden und das entspricht einer Leistung von rund 4000 Gigawatt (1 Watt = 14,33 cal/min). Solche Energieumsätze sind selbst mit größten Kraftwerken kaum zu erreichen.

Wenn Sie Lust haben, können Sie noch den Energieumsatz über Mitteleuropa berechnen. Im Laufe eines Jahres fallen rund 90 cm auf eine Fläche von etwa 500000 km² (Deutschland ca. 360 000 km², Österreich ca. 84 000 km², Schweiz ca. 41 000 km²).

Was sich alles niederschlägt

Wir haben gesehen, wie Wolkentröpfchen groß genug werden können, um als Regen oder Schnee zu Boden zu fallen. Während des Fallens können sich Regen und Schnee durch atmosphärische Umweltbedingungen unterhalb der Wolke verändern und sich auch in andere Formen des Niederschlages verwandeln.

Im Normalfall sind die Eispartikel so groß und schwer geworden, dass sie durch die Wolke nach unten fallen. Stoßen sie dabei mit anderen Eiskristallen zusammen, verhaken sie sich oder frieren zusammen. Auch unterkühlte Wassertröpfchen werden unterwegs eingefangen, frieren an und so wachsen die Eiskristalle immer weiter.

Das weitere Schicksal hängt jetzt von Feuchte und Temperatur unterhalb der Wolke ab. Ist die Luft warm und trocken, werden die Eiskristalle erst schmelzen und dann verdunsten. Geschieht das, bevor sie den Erdboden erreichen, sehen wir sie nur mehr als Fallstreifen unterhalb der Wolke. Diese Fallstreifen werden **Virga** genannt. Ist die Luft feuchter und/oder kälter, dann überstehen die Eispartikel die Verdunstungsstrecke und am Boden kommen mehr oder weniger große **Regentropfen** an. Ist die Luft unterhalb der Wolke frostig kalt, bleiben die Eiskristalle erhalten und es fallen die verschiedenen Formen des **Schnees**.

Virga. Bevor Regen oder Schnee am Boden ankommen, »hängen« sie als Schleiervorhang unter der Wolke.

Regen ist die Grundlage allen Lebens und wichtiger Bestandteil im Wetterkreislauf.

Niesel- oder Sprühregen

Sind die fallenden Tropfen im Durchmesser kleiner als 0,5 mm, dann handelt es sich um Nieselregen. Das ist die einzige Niederschlagsart, die auch ohne Eisphase entstehen kann. Dies ist im Frühsommer in Norddeutschland häufig der Fall, wenn feuchte Luft über das noch kalte Nordseewasser strömt. Es entsteht eine flache Stratusdecke, die landeinwärts getrieben wird und tagelang leichten Nieselregen bringen kann. Bei sehr kaltem Winterwetter können aus einer solchen Stratusdecke auch kleine Schneesterne fallen.

Regen

Größere Tropfen mit einem Durchmesser von mindestens 0,5 mm werden als Regentropfen bezeichnet. Sie fallen aus einem tiefen Altostratus oder bei größerer Intensität aus einem Nimbostratus, d.h. aus Schichtwolken. Das Auf und Ab in diesen Wolken ist gering und deshalb fällt der Regen ziemlich gleichmäßig. Regnet es stundenlang, dann spricht man von **Landregen**.

Große Regentropfen (mehr als 2 mm Durchmesser) fallen mit einer Geschwindigkeit von etwa 9 m/sec. Wenn der Aufwind in die Wolke genauso stark ist, dann werden die Regentropfen in der Schwebe gehalten. Wird der Aufwind schwächer oder wechselt gar die Richtung, dann werden die Tropfen als plötzlicher **Regenschauer** fallen.

Regenschauer sind meist kurz und wechseln in der Intensität. Das deutet auf große Unruhe in der Wolke hin und das ist bei Quellwolken der Fall. Schon der Cumulus congestus kann kräftige Schauer liefern. Stauen sich die Quellwolken an Hindernissen, z.B. an Berghängen, dann können solche Regenschauer mit wechselnder Stärke auch längere Zeit anhalten.

Die eigentliche Schauerwolke aber ist der Cumulonimbus. Die Aufwinde in diesen Wolken sind so stark, dass selbst schwere Eisklumpen von mehreren hundert Gramm Gewicht im oberen Teil der Wolke gehalten werden. Wenn diese Eismasse durch die Wolke nach unten fällt, auf dem Weg zum Boden schmilzt und als heftiger Regenschauer ankommt, dann sprechen wir von **Wolkenbruch**. Das Auf und

Ab in einem solchen Cb passiert auf so engem Raum, dass manchmal eine Seite der Straße völlig trocken bleibt (Aufwindseite), die andere dagegen unter Wasser steht (Abwindseite).

Normalerweise sind Regentropfen durchsichtig und farblos. In besonderen Fällen aber können sie farbig sein. Bei uns in Mitteleuropa fällt bei einer bestimmten Wetterlage der so genannte **Blutregen**. Dabei werden in der Westsahara durch Sturm riesige Mengen feinsten Sandes in große Höhen geschleudert und mit Südwind nach Mitteleuropa getrieben. Enthalten die Regentropfen diesen feinen Staub, dann überzieht nach einem Schauer eine dünne rötlichbraune Schicht den Boden und Ihr Auto muss durch die Waschanlage.

Hagel

Im Sommer erreichen die Cumulonimben ihre mächtigste Form, weil in der sommerlichen Wärme die absolute Feuchte hoch sein kann und damit mehr »Treibstoff« in Form latenter Wärme vorhanden ist. Innerhalb von 30 Minuten kann die Luft explosionsartig in 12–14 km Höhe schießen. Die orkanartigen Aufwinde können dabei Eisklumpen von 10 cm und mehr in der Wolke halten. Für einen Regentropfen werden 1 Million Wolkentröpfchen benötigt. Aber um ein golfballgroßes Hagelkorn entstehen zu lassen, sind rund 10 Milliarden Wolkentröpfchen erforderlich. Um diese Größe zu erreichen, muss das Hagelkorn etwa 5–10 Minuten im oberen kalten Teil der Wolke bleiben.

Hagel. Im oberen Teil der Gewitterwolke bilden sich handballgroße Hagelkörner. Schmelzen sie nicht vollständig, prallen die Reste mit Wucht auf den Boden.

Durch das ständige Auf und Ab werden auch die Hagelkörner hoch und runter geschleudert, schmelzen etwas, um beim Aufsteigen weiter zu wachsen. Und so wächst ein Hagelkorn, indem wie bei einer Zwiebel immer neue Schalen angesetzt werden. Meist sind die Hagelkörner so klein, dass sie auf dem Weg zum Boden wieder vollständig schmelzen. Aber im Sommer können sie eben so groß werden, dass sie trotz warmer Luft unterhalb der Wolke überleben und dann als **Hagelschlag** große Schäden, vor allem in der Landwirtschaft, verursachen können.

Hagelkörner mit 7–9 cm Durchmesser.

Das größte Hagelkorn in Amerika wurde im September 1970 bei einem Gewitter in Kansas gefunden. Es wog 757 g und hatte einen Durchmesser von über 14 cm. Das bisher schwerste Hagelkorn wurde in Kasachstan gefunden. Es wog 1,9 kg!

Graupel

Im Winter, wenn die Luft kälter ist, werden die Cumulonimben nicht so mächtig und vereisen schon in geringerer Höhe. Außerdem sind die Auf- und Abwinde wegen der geringeren Mächtigkeit nicht so heftig, sodass die Eispartikel langsamer wachsen und auch nicht so groß werden können. Und so entstehen kleine, unregelmäßige Eiskörner, die auch Lufteinschlüsse enthalten. **Graupelschauer** entstehen vor allem in den Wintermonaten, wenn Polarluft nach Süden über wärmeren Untergrund fließt.

Schnee

Keine Wettererscheinung weckt so unterschiedliche Empfindungen wie der Schnee. Die bloße Ankündigung lässt Kinder und auch viele Erwachsene ungeahnte Aktivität entwickeln. Im Keller oder auf dem Speicher rumort es; wo sind bloß Ski und Schlitten versteckt? Verkehrsteilnehmer, ältere Menschen und Hausbesitzer denken dagegen oft mit Schrecken an den Morgen, an dem sich die Natur in weiß gekleidet hat.

Wir haben gelernt, dass die meisten Niederschläge, die den Boden erreichen, ursprünglich als Schnee angefangen haben. Im Sommer steigt die 0 °C-Grenze über 3000 m, sodass der Schnee vollständig geschmolzen ist, bevor er am Boden ankommt. Im Winter allerdings sinkt die 0 °C-Grenze und es beginnt zunächst in den Bergen zu schneien. Wird es noch kälter, steigen die Chancen, dass die Schneeflocken bis zum Boden überleben und die Schneefallgrenze wandert allmählich bis ins Tal.

Schneeflocken können etwa 300 m unter die 0 °C-Grenze fallen, bevor sie vollständig geschmolzen sind. Dieses Niveau kann man beim Blick gegen die tief stehende Sonne erkennen. Da Schnee einfallendes Sonnenlicht besser streut als Regen, enthält der dunklere Bereich unterhalb der Wolke fallende Schneeflocken, der hellere Bereich darunter fallenden Regen. Das Schmelzniveau ist dann der Übergang zwischen heller und dunkler Zone.

Schnee fällt meist aus Schichtwolken (Nimbostratus), in denen die Turbulenzen nicht so heftig sind.

Wenn Wasser in den Wolken gefriert, kann es die vielfältigsten und schönsten Formen annehmen von kleinen Eisnadeln und Plättchen über Stäbchen und Prismen bis hin zu allen möglichen Sternen. Welche Formen entstehen, hängt von der Temperatur ab. So wachsen z.B. nur in dem engen Temperaturbereich zwischen -12 °C und -16 °C die »idealen« Schneesterne, wie sie immer wieder gezeichnet werden.

Schema der Temperaturschichtung in der Atmosphäre, die zu unterschiedlichem Niederschlag führt.

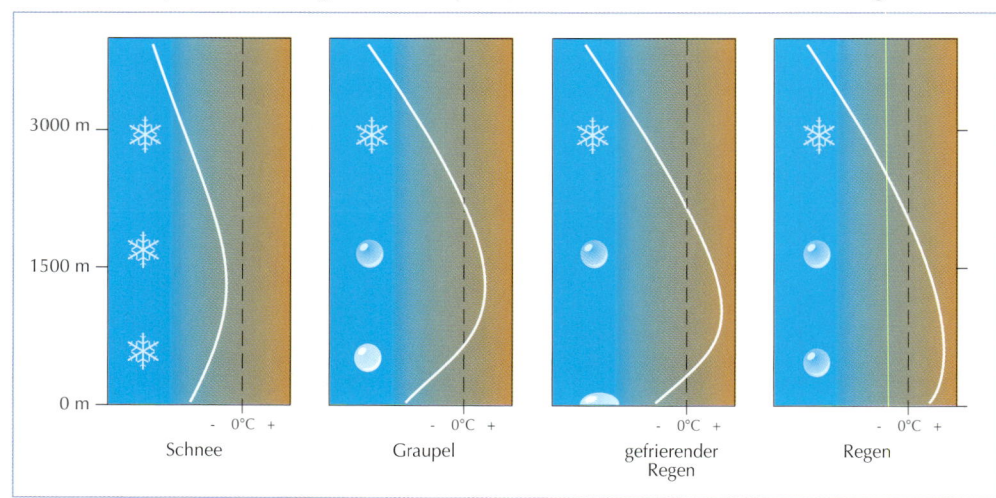

| | Schnee | Graupel | gefrierender Regen | Regen |

Was wir gemeinhin als **Schneeflocke** bezeichnen, ist allerdings kein einzelner Schneestern, sondern ein unregelmäßig großes Gebilde aus mehreren Kristallen. Der »Klebstoff« sind die unterkühlten Wassertröpfchen, die bei Berührung die Kristalle durch spontanes Gefrieren miteinander verbinden. Je länger diese Gebilde durch die Wolke fallen und je wärmer es wird, umso größer wird die Schneeflocke, da die Zahl der unterkühlten Wassertröpfchen mit steigender Temperatur zunimmt.

Wie es bei blauem Himmel schneien kann

Umgekehrt werden die Eiskristalle immer kleiner, je kälter die Luft wird. Unter -40 °C wandelt sich das bisschen Wasserdampf sofort in Eiskristalle, ohne die flüssige Zwischenphase. Solch tiefe Temperaturen herrschen im winterlichen Sibirien häufig und dann fallen diese winzigen Eiskristalle einfach vom Himmel, ohne dass eine Wolke zu sehen ist. Allerdings kann das tagelang der Fall sein, ohne dass sich eine Schneedecke gebildet hätte.

Gefrierender Regen

Im Winterhalbjahr hält sich häufig am Erdboden eine kalte Luftschicht und man spricht dann von bodennaher Kaltluft. Ist diese Schicht frostig kalt, aber nicht sehr mächtig, dann kommt es zum Schrecken aller Autofahrer, dem gefrierenden Regen. Der Schnee, der aus der Wolke fällt, schmilzt zunächst in warmer Luft. Da die frostige bodennahe Schicht zu dünn ist, bleibt den Wassertropfen nicht genügend Zeit, um wieder zu einem Eiskristall zu werden. Als unterkühlte Wassertropfen prallen sie auf den Boden, zerplatzen und frieren sofort am Boden zu Eis. Schon wenige Tropfen reichen aus, um einen dünnen, spiegelglatten Eisfilm zu bilden. Im Verkehrsfunk heißt es dann, **Glatteis** hat den Verkehr zum Erliegen gebracht.

Den Tränen nahe

In Zeichnungen kullern Regentropfen wie Tränen aus den Wolken. Doch in der Wirklichkeit sehen sie anders aus. Kleine Regentropfen unter 2 mm Durchmesser behalten wegen ihrer Oberflächenspannung ihre Kugelform. Je größer die Tropfen werden, umso mehr ähneln sie beim Fallen einem platt gedrückten Teigklumpen. Der Luftdruck ist an der Unterseite am größten und flacht deshalb den Tropfen etwas ab. An der Oberseite kann sich der Tropfen wegen des geringeren Luftdruckes etwas ausdehnen.

Tropfen ähneln nie einer Träne. Werden sie zu groß, dann werden sie vom Luftstrom auseinander gerissen.

WARUM DER
WIND WEHT

Wir haben inzwischen gelernt, wie die Sonnenenergie auf unserem Globus in warme und kalte Luftmassen umgewandelt wird. Daraus entsteht die Kraft, die unsere Wettermaschine antreibt. Um dieses wechselhafte Wetter mit unterschiedlichen Wolken, Niederschlägen und Temperaturen zu schaffen, müssen die warmen und kalten Luftmassen irgendwie in Gang gebracht werden. Und für dieses irgendwie sorgt der Luftdruck.

Was beim Luftdruck drückt

Auch wenn wir Luft nicht sehen können, so ist sie doch vorhanden und hat ein bestimmtes Gewicht. Das wird hauptsächlich durch Stickstoff- und Sauerstoff-Moleküle bestimmt. Unsere Umgebungsluft besteht zu 78 % aus Stickstoff und zu 21 % aus Sauerstoff. Das restliche 1 % wird von anderen Gasen und – wie wir gesehen haben – in unterschiedlicher Menge vom Wasserdampf beigesteuert.

Alle Bestandteile – wir wollen sie jetzt einfach »Luftmoleküle« nennen – sausen mit enormer Geschwindigkeit umher. Hier am Erdboden sind das etwa 1750 km/h. Und da in jedem Kubikzentimeter 10^{19} Luftmoleküle mit dieser Geschwindigkeit herumrasen, stoßen sie natürlich in riesiger Zahl an jedes Hindernis. Und dieses Bombardement von Stößen erzeugt den **Druck**. Wir spüren nicht jeden einzelnen Stoß, sondern nur das Ergebnis.

Der Druck, den die Luftmoleküle ausüben, hängt also von der Anzahl der Moleküle ab und von der Geschwindigkeit, mit der sie herumrasen. Wenn wir Luft in einem festen Behälter erwärmen, steigt der Druck, weil die Moleküle schneller rasen; kühlen wir die Luft, wird der Druck sinken. Wird bei gleicher Temperatur der Behälter verkleinert, steigt der Druck, da es nun mehr Moleküle pro Raumeinheit sind.

◁ *Schon seit langer Zeit nutzt der Mensch die Kräfte des Windes.*

Die Luftpumpe macht es deutlich

Mit einer ganz gewöhnlichen Luftpumpe können wir experimentieren, wie der Luftdruck eine Kraft erzeugt und wie äußere Kräfte und auch Kälte und Wärme den Luftdruck ändern. (Nicht vergessen: Vor dem Experiment erst das Ventilstück verschließen, damit keine Luft entweichen kann.)

1. Der Kolben wird nicht ganz nach unten sinken, da der Luftdruck darunter eine Kraft erzeugt, die den Kolben hält.
2. Drücken Sie den Kolben nach unten. Je stärker Sie drücken, umso mehr werden die Moleküle zusammengepresst; der Luftdruck steigt. Wenn Sie den Kolben loslassen, wird der Druck den Kolben wieder nach oben treiben.
3. Erwärmen Sie die Luftpumpe. Die Wärme beschleunigt die Luftmoleküle; der Druck steigt. Wenn der Kolben steigt, dehnen sich die Luftmoleküle so lange aus, bis der sinkende Luftdruck genau dem Gewicht des Kolbens entspricht.
4. Kühlen Sie die Luftpumpe. Die Luftmoleküle werden langsamer, der Druck sinkt und der Kolben fällt, bis er die Luft so zusammengedrückt hat, dass der Druck wieder dem Gewicht des Kolbens entspricht.

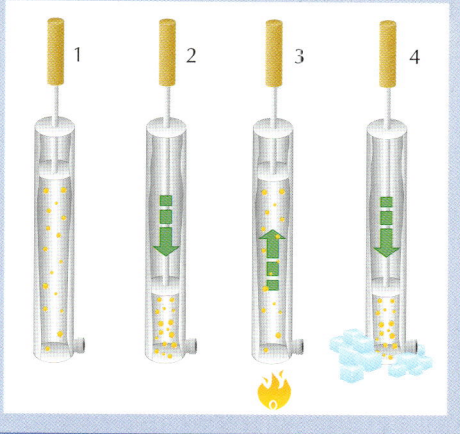

Was die Schwerkraft bewirkt

Unser Gewicht, die Anstrengung beim Treppensteigen oder auch die Luft um uns herum haben wir der Schwerkraft zu verdanken. Sie zwingt jede Materie Richtung Erdmittelpunkt. Warum werden dann nicht alle Luftmoleküle zu einem dichten Teppich aus Stickstoff und Sauerstoff am Erdboden zusammengepresst? Das verhindert der Luftdruck. Die einzelnen Luftmoleküle sausen ja in alle Richtungen, erzeugen dabei Druck und der wirkt deshalb auch in alle Richtungen, damit auch nach oben. Und so gleicht der Luftdruck die Schwerkraft aus.

Aber die Schwerkraft hat doch eine Wirkung. Hier am Erdboden werden die Luftmoleküle durch das Gewicht der anderen Moleküle darüber zusammengedrückt wie durch den Kolben unserer Luftpumpe und damit ist der Luftdruck höher. In Meeresniveau beträgt **der durchschnittliche Luftdruck 1013,25 Millibar (mb)** oder nach neuer internationaler Vereinbarung **Hectopascal (hPa)**.

Steigen wir auf einen Berg, lassen wir ja einen Teil der Luft unter uns, was das Gewicht der Luft über uns vermindert und damit wird auch der Luftdruck sinken. Und das geht ziemlich schnell. Auf dem Feldberg im Schwarzwald, der 1500 m hoch ist, beträgt der Luftdruck nur noch rund

Luftdruck in Abhängigkeit von der Höhe. Der Bergsteiger auf dem Mount Everest hat nur noch $^1/_3$ der Luftmenge zum Atmen, die auf Meereshöhe vorhanden ist.

850 mb, in 3000 m Höhe auf der Zugspitze nur 700 mb und wenn wir den Montblanc (4807 m) besteigen, dann würde ein Messgerät nur noch 550 mb anzeigen, d.h. wir hätten schon fast die Hälfte der gesamten Luftmasse unter uns gelassen.

Wie der Luftdruck gemessen wird

Instrumente, die den Luftdruck messen, werden **Barometer** genannt. Das Grundprinzip, nämlich das Gewicht der Luft mit dem Gewicht einer Säule (engl.: bar) zu vergleichen, geht auf **Toricelli** zurück. Dieser Schüler von Galileo erfand 1643 das erste Barometer. Eine Glasröhre, deren oberer Teil verschlossen ist, wird in ein Gefäß mit Quecksilber (Hg) getaucht. Wenn man dafür gesorgt hat, dass die Glasröhre vor dem Eintauchen in das Quecksilber

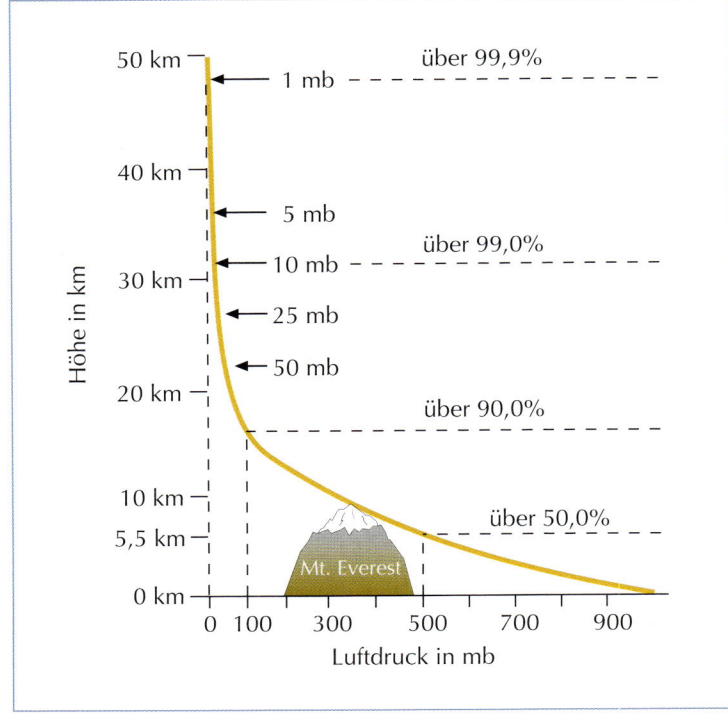

Druckrekorde

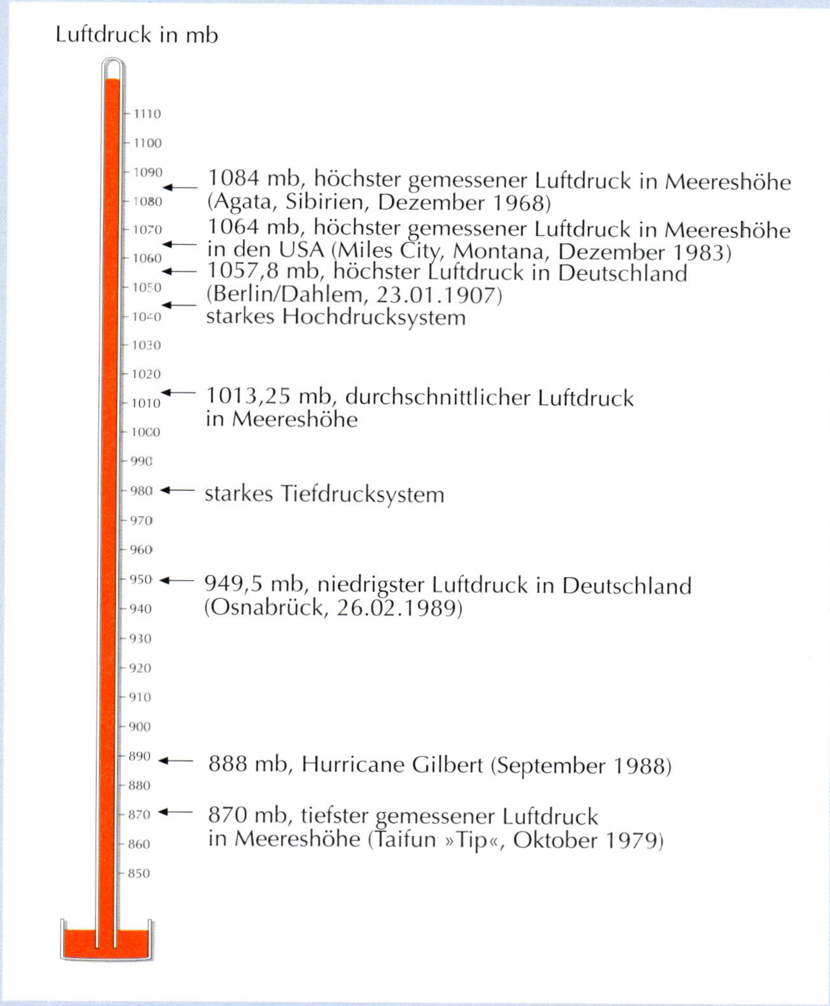

Luftdruck in mb

- 1110
- 1100
- 1090 ← 1084 mb, höchster gemessener Luftdruck in Meereshöhe
- 1080   (Agata, Sibirien, Dezember 1968)
- 1070 ← 1064 mb, höchster gemessener Luftdruck in Meereshöhe
- 1060   in den USA (Miles City, Montana, Dezember 1983)
- 1050 ← 1057,8 mb, höchster Luftdruck in Deutschland
- 1040   (Berlin/Dahlem, 23.01.1907)
          starkes Hochdrucksystem
- 1030
- 1020
- 1010 ← 1013,25 mb, durchschnittlicher Luftdruck
- 1000   in Meereshöhe
- 990
- 980 ← starkes Tiefdrucksystem
- 970
- 960
- 950 ← 949,5 mb, niedrigster Luftdruck in Deutschland
- 940   (Osnabrück, 26.02.1989)
- 930
- 920
- 910
- 900
- 890 ← 888 mb, Hurricane Gilbert (September 1988)
- 880
- 870 ← 870 mb, tiefster gemessener Luftdruck
- 860   in Meereshöhe (Taifun »Tip«, Oktober 1979)
- 850

Das Wetter verursacht normalerweise nur Schwankungen des Luftdruckes um etwa 100mb. Extrem hoch wird der Luftdruck, wenn im Winter über den weiten Schneeflächen Sibiriens die Luft unter -50°C abkühlt und dabei immer schwerer wird. Nur in Tornados und tropischen Wirbelstürmen kann der Luftdruck unter 900 mb sinken.

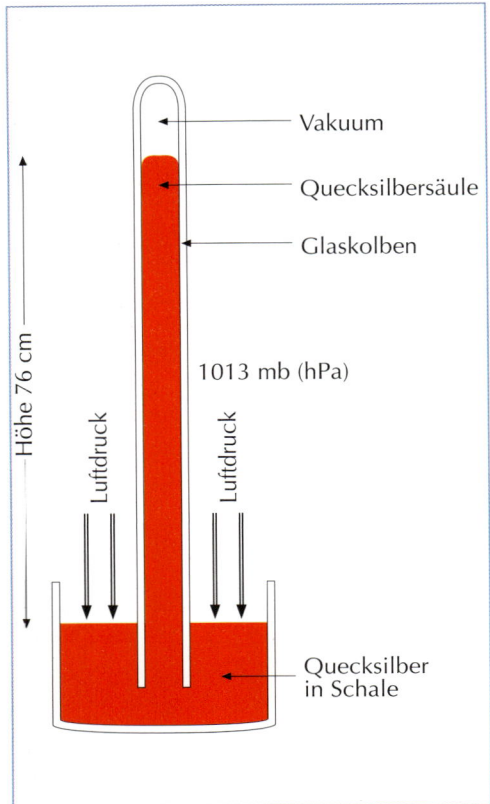

Vakuum

Quecksilbersäule

Glaskolben

1013 mb (hPa)

Höhe 76 cm

Luftdruck   Luftdruck

Quecksilber in Schale

Durch den auf die Flüssigkeitsoberfläche wirkenden Luftdruck wird die Flüssigkeitssäule in einem umgestülpten Glaskolben nach oben gedrückt. Auf die Flüssigkeit im Glaskolben wirkt ja kein Luftdruck, weshalb die Höhe der Säule ein Maß für den gerade herrschenden Luftdruck ist.

luftleer ist, dann drückt die Luft auf die Oberfläche des Quecksilbers. Das steigt in der Glasröhre so hoch, bis sein Gewicht genau dem Gewicht der Luftsäule entspricht:

$$1013,25 \text{ mb} = 760 \text{ mm Hg}$$

Nach internationaler Vereinbarung wird als Einheit des Druckes nun das **Pascal (Pa)** verwendet. 1 Pascal ist der Druck, den die Kraft von 1 Newton auf 1 m² ausübt. 100 Pa entsprechen dabei 1 mb. Um nach der Umstellung von Millibar auf Pascal nicht auch noch andere Zahlengrößen zu lernen, hat man sich in der Meteorologie auf das **Hectopascal (hPa)** geeinigt:

$$1 \text{ mb} = 1 \text{ hPa}$$

Und so werden heute die beiden Begriffe nebeneinander verwendet.

Anstelle von Quecksilber könnte man natürlich auch andere Flüssigkeiten verwenden wie z.B. Wasser. Aber dann hätten Sie mit dem Aufstellen eines Wasser-Barometers zu Hause ein Problem, denn Wasser ist 13,6-mal leichter als Quecksilber, sodass die Wassersäule Ihres Barometers bei einem Luftdruck von 760 mm Hg über 10 m hoch wäre.

Das **Aneroid-Barometer,** das in den käuflichen »Wetterstationen« enthalten ist, verwendet keine Flüssigkeit. Hier wird ein luftleer gepumpter kleiner Metallzylinder durch den Luftdruck zusammengedrückt. Eine Feder in dem Zylinder sorgt für den Gegendruck. Sinkt der Luftdruck, drückt die Feder den Zylinder auseinander. Umgekehrt drückt steigender Luftdruck den Zylinder zusammen. Die Änderungen werden über ein Hebelsystem angezeigt.

Bei einem **Barographen** werden diese Änderungen auf eine langsam rotierende Walze aufgetragen, die z.B. in 1 Woche 1 Umdrehung macht. So hat man die Möglichkeit, die Druckänderungen über längere Zeiträume genau zu verfolgen.

Warum der Pilot seine Flughöhe kennt

Da der Luftdruck mit der Höhe abnimmt, kann ein Aneroid-Barometer auch dazu verwendet werden, die Höhe über einem bestimmten Niveau zu messen. Solche **Höhenmesser** sind sehr genau arbeitende Barometer.

Wie wir durch unser Experiment mit der Luftpumpe wissen (vgl. S. 65), wurde der Kolben bei warmer Luft gehoben; bei kalter Luft sank er. Da in beiden Fällen die Masse der Luft und das Gewicht des Kolbens gleich geblieben waren, muss der Druck in der kalten Luft mit der Höhe schneller abnehmen als in der warmen Luft. Wenn der Pilot also den Druck am Boden kennt und auch die Temperatur zwischen Boden und seinem Flugzeug, dann kann er an seinem Barometer genau ablesen, in welcher Höhe er fliegt.

Wie Kollisionen vermieden werden

Nun ist das aber nie der Fall, denn woher soll der Pilot wissen, wie die Temperaturverhältnisse unterhalb seiner Flughöhe sind? Ein Flugzeug wird deshalb auf seiner Route nicht in einer konstanten Höhe fliegen können. Damit es aber bei dem zunehmenden Luftverkehr nicht zu Kollisionen kommt, hat die internationale Luftfahrt-Organisation **ICAO** (**I**nternational **C**ivil **A**viation **O**rganization) eine künstliche Atmosphäre definiert, die **ICAO-Standard-Atmosphäre**. Dabei wurde eine mittlere Temperaturabnahme mit der Höhe von 6,5 °C pro 1000 m festgelegt und die Bodentemperatur beträgt 15 °C.

Die Höhenmesser in allen Flugzeugen sind auf diese Standardatmosphäre geeicht. Den Flugzeugen wird nun von der Bodenkontrolle eine bestimmte Druckfläche, das so genannte **Flight Level (FL)**, zugewiesen. Das entspricht in der Standardatmosphäre einer ganz bestimmten Höhe, die aber nicht mit der wirklichen Höhe übereinstimmen muss.

In der Luftfahrt wird als Höhenmaß nicht Meter, sondern Fuß (ft) verwendet, wobei 1000 m gleich 3281 ft sind. Das Flight Level wird dabei in Hundert-Fuß-Stufen angegeben. FL100 entspricht also einer Flughöhe von 10 000 ft oder etwa 3000 m. Der Druck beträgt in diesem Fall 700 mb.

Ein Flug auf FL100 – am Berg zerschellt

Wir fliegen jetzt in FL100 von München nach Mailand. Die Alpen trennen kalte Luft über Deutschland von warmer Luft über Oberitalien. Direkt über den Alpen sollen die Temperaturverhältnisse genau der Standardatmosphäre entsprechen.

Wenn wir nach dem Start auf unser zugewiesenes FL100 gehen, zeigt zwar der Höhenmesser 10 000 ft an, aber in Wirklichkeit fliegen wir wesentlich tiefer.

Auf dem Weg zum Alpenhauptkamm wird die Luft wärmer, wir steigen allmählich auf 10 000 ft und das ist auch notwendig, denn die Alpengipfel

10500 ft

Höhenmesser zeigt 10000 ft

700 mb

kalte Luft

10000 ft

warme Luft

700 mb

Höhenmesser zeigt 10000 ft

9500 ft

Obwohl der Höhenmesser konstant bleibt, steigt das Flugzeug beim Flug von kalter in warme Luft (vgl. Text).

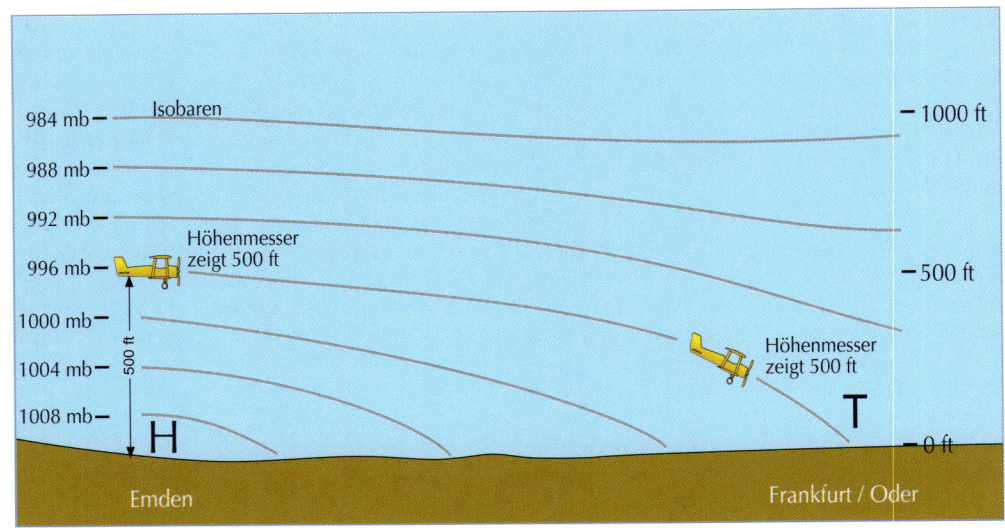

984 mb — Isobaren   — 1000 ft

988 mb —

992 mb —

          Höhenmesser
996 mb —   zeigt 500 ft   — 500 ft

1000 mb —

                                       Höhenmesser
1004 mb —   500 ft   zeigt 500 ft

1008 mb —

    H   **T**   — 0 ft

Emden   Frankfurt / Oder

Beim Flug zum Tief sinkt das Flugzeug, obwohl der Höhenmesser konstant bleibt (vgl. Text).

sind ja zum Teil noch wesentlich höher. Wenn die Sicht schlecht ist und wir nicht gerade über den Brenner fliegen, dürfte unser Flugzeug schon bald an einem Berg zerschellen.

Wenn wir Glück hatten und zwischen den Alpengipfeln einen Weg fanden, dann werden wir bis Mailand weiter an Höhe gewinnen, obwohl unser Höhenmesser weiterhin 10 000 ft anzeigt.

Umgekehrt ist die Situation wesentlich gefährlicher. Fliegen wir aus der warmen in die kalte Luft, würden wir ständig an Höhe verlieren, obwohl der Höhenmesser einen konstanten Wert anzeigt. Gerade in bergigem Gelände muss der Pilot deshalb die Temperaturanzeige genau beachten.

Vom Hoch zum Tief, das geht oft schief

Auch ohne horizontale **Temperaturunterschiede** würden wir nicht auf konstanter Höhe bleiben, denn der Druck sinkt ja nicht nur sehr schnell mit der Höhe, sondern auch horizontal gibt es **Druckunterschiede**.

Kleine Sportflugzeuge fliegen ja häufig nur wenige hundert Meter über dem Boden. Und damit wollen wir im Norddeutschen Tiefland von Emden nach Frankfurt an der Oder in 500 ft Höhe fliegen, um etwas von der Landschaft zu sehen. Hohe Berge sind ja nicht zu erwarten.

Wir haben uns in Emden den Luftdruck am Flugplatz geben lassen, unseren Höhenmesser danach auf 500 ft eingestellt und fliegen frohen Mutes los, ohne uns informiert zu haben, dass der Luftdruck an unserem Zielort wesentlich niedriger ist.

Unterwegs geraten wir plötzlich in tiefe Stratuswolken. Nichts ist mehr vom Boden zu sehen; wir müssen uns auf die Instrumente verlassen. Wenn wir uns jetzt nicht beim nächsten Flughafen über den aktuellen Druck informieren und unseren Höhenmesser korrigieren, würden wir irgendwann am Boden aufschlagen und unser Höhenmesser würde immer noch 500 ft anzeigen.

Wie der Druck verglichen wird

Wenn der Druck steigt oder fällt, ändert sich das Wetter. Um diese Änderungen aber schon möglichst frühzeitig zu erkennen, betrachtet man nicht nur den Druck an einem bestimmten Ort, sondern auch in der Umgebung.

Nun liegen die anderen Orte alle unterschiedlich hoch, z.B. Hamburg, München, Wien und Zürich. Da der Druck mit zunehmender Höhe jedoch sehr schnell abnimmt, ist ein Vergleich mit anderen Orten nicht so einfach.

Um die alleine durch das Wetter verursachten Druckänderungen zu erfassen, muss erst einmal ein einheitliches Niveau gefunden werden, und das ist der Meeresspiegel. Diese Höhe wurde als **Normal-Null (NN)** definiert. Und so wird an allen Stationen der gemessene Druck (**Stationsdruck**) erst einmal auf Meeresniveau umgerechnet und erst dann als **Normaldruck** verbreitet und in Wetterkarten eingetragen.

Bei normalen Verhältnissen nimmt der Druck in der Nähe des Erdbodens um etwa 10 hPa pro 100 m Höhe ab, d.h. wenn Sie den Fahrstuhl in einem Hochhaus benutzen, erleben Sie stärkere Druckänderungen als bei den meisten Wettersystemen. Während sich im Beispiel auf der Abbildung unten die an den Stationen gemessenen Drücke um 104 mb unterscheiden, zeigen die auf Meeresniveau umgerechneten Normaldrucke ein Gebiet hohen Druckes auf der linken Seite und je nach Entfernung der Stationen voneinander eine mehr oder weniger starke Druckabnahme nach rechts.

Was die Luft bewegt

Wenn die Stationen A und D 1000 km auseinander liegen, würde sich der Druck pro 100 km um 1,2 mb ändern. Wären die Stationen aber nur 500 km entfernt, würde sich der Druck um 2,4 mb pro 100 km ändern, also doppelt so schnell. Man sagt in diesem Fall, der **Druckgradient (DG)** ist doppelt so groß.

Wenn Sie mit dem Auto in die Berge fahren, erleben Sie stärkere Luftdruckschwankungen als beim Wetter, denn der Luftdruck nimmt mit der Höhe wesentlich schneller ab als horizontal durch die Wettersysteme. Deshalb wird der Luftdruck einheitlich auf den Meeresspiegel (NN = Normal-Null) umgerechnet, um die Werte miteinander vergleichen zu können.

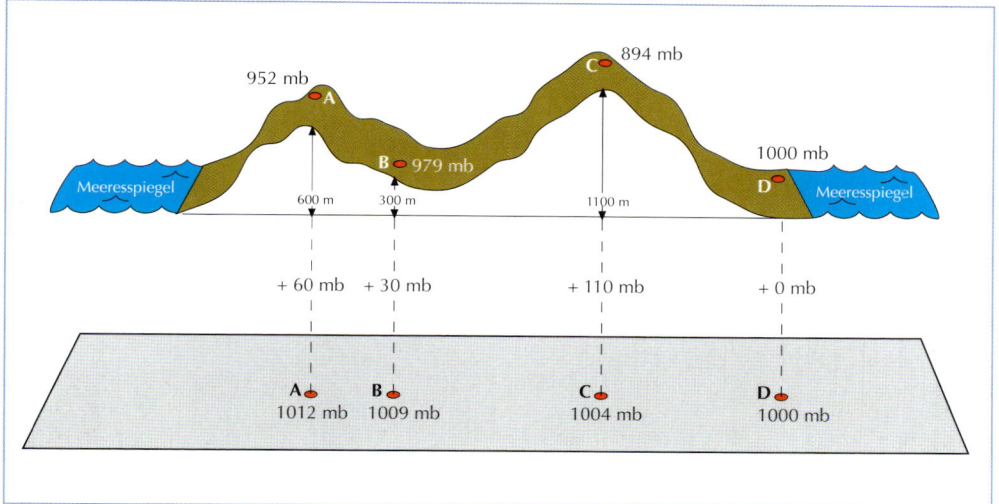

Wenn wir jetzt Linien gleichen Druckes (**Isobaren**) ziehen würden, dann hätten diese im ersten Fall einen großen Abstand, im zweiten Fall wären sie dicht gedrängt. Der Abstand der Isobaren ist also ein direktes Maß für die Größe des Druckgradienten.

Und da unterschiedliche Drücke auch unterschiedliche Kräfte bewirken, ist der Druckgradient ein direktes Maß für die horizontal wirkende Kraft. Diese würde die Luft allmählich in Bewegung setzen und das bedeutet Wind.

Winde sind aber nun das Ergebnis verschiedener Kräfte, die alle zur gleichen Zeit wirken. Da diese in unterschiedlicher Weise wirken, wollen wir die Kräfte zunächst einzeln betrachten. Im Wesentlichen handelt es sich um 4 Kräfte:
- Druckgradient-Kraft (DGK),
- Coriolis-Kraft (CK),
- Zentrifugalkraft (ZK),
- Reibungskraft (RK).

Die Druckgradient-Kraft (DGK)

Die DGK ist also die Kraft, welche die Luft in Bewegung setzt, somit den Wind erzeugt. Die anderen Kräfte verändern lediglich Stärke oder Richtung.

Bei unserem Experiment mit der Luftpumpe haben wir gesehen, dass der Kolben durch unterschiedlichen Druck bewegt wurde und zwar immer vom höheren zum tieferen Druck. Schauen wir uns die Druckverteilung in obigem Beispiel an, können wir feststellen:

(1) Die DGK ist vom hohen zum tiefen Druck gerichtet und steht senkrecht auf den Isobaren.
(2) Je geringer der Abstand der Isobaren, umso stärker der Wind.

Wenn die Druckgradient-Kraft die einzige Kraft wäre, die auf die Luft einwirkt, dann würde der Wind immer genau vom hohen zum tiefen Druck wehen und die Druckunterschiede würden in kürzester Zeit ausgeglichen. Dem ist aber nicht so, denn in dem Moment, in dem sich die Luft in Bewegung setzt, beginnt eine andere Kraft zu wirken:

Die Coriolis-Kraft (CK)

Das ist keine Kraft im eigentlichen Sinne; deshalb wird sie auch häufig **Scheinkraft** genannt. Sie beschreibt lediglich die Tatsache, dass wir uns auf einer rotierenden Erde befinden, selber aber so tun, als seien wir in Ruhe.

Um das zu verstehen, machen wir wieder ein kleines Experiment. Dazu brauchen wir eine drehbare Scheibe, ein Stück Karton, ein Lineal und einen Schreibstift. Wir befestigen den Karton auf der Scheibe.
- Nun drehen wir den Karton langsam entgegen dem Uhrzeigersinn (wie sich die Erde dreht);
- halten das Lineal fest, ziehen eine Linie vom Zentrum, eine zweite Linie von außen, jeweils bis zur Hälfte des Radius.
- Obwohl wir in beiden Fällen eine gerade Linie gezogen haben, sind sie auf dem drehenden Karton gekrümmt.

Wenn wir der »Mann im Mond« wären, würden wir die Linien als Gerade sehen und genauso würden wir auch die Luft »sehen«, wie sie geradewegs vom hohen zum tiefen Druck fließt.

Obwohl wir 2 Geraden gezogen haben, scheinen sie von der Scheibe aus betrachtet nach rechts gekrümmt zu sein (vgl. Text).

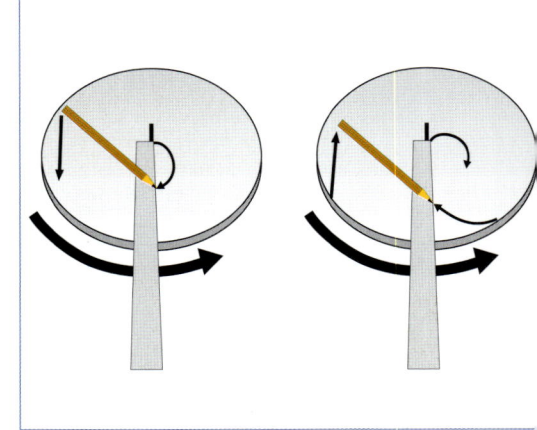

Von der Erde aus betrachtet aber erscheint es uns so, dass

(3) Winde auf der Nordhalbkugel nach rechts,
(4) auf der Südhalbkugel nach links abgelenkt werden.

Da es sich um keine wirkliche Kraft handelt, spricht man häufig nur vom **Coriolis-Effekt**, benannt nach dem französischen Wissenschaftler **Gaspard Coriolis**. Dieser Effekt macht sich bei allen frei beweglichen Objekten bemerkbar, ob Luftpartikel, Ozeanströme, Flugzeuge oder Raketen.

Der Betrag der Coriolis-Kraft variiert mit der Geschwindigkeit des Objektes und mit der geographischen Breite. Er ist Null am Äquator und an den Polen am größten.

Im Allgemeinen ist der Coriolis-Effekt so gering, dass wir im normalen Leben nichts davon bemerken, weil entweder die Geschwindigkeit zu gering oder aber die Strecke zu kurz ist, um eine merkliche Abweichung zu bewirken. Auch ist die Coriolis-Kraft nicht daran schuld, ob sich in der Badewanne beim Abfließen das Wasser links oder rechts herum dreht.

Wie der Wind »geostrophisch« wird

Aber beim Wetter hat die Coriolis-Kraft Zeit genug, um auf die Luftpartikel zu wirken. Wenn Sie Wetterkarten aufmerksam verfolgen, wissen Sie, dass der Wind mehr oder weniger genau parallel zu den Isobaren weht und nicht senkrecht, wie es alleine nach der Druckgradient-Kraft sein müsste.

Betrachten wir eine Druckkarte mit Isobaren (vgl. Grafik S. 74 oben). Nach der DGK wird die Luft vom hohen zum niedrigen Druck in Bewegung gesetzt (1). In dem Moment aber, in dem sich die Luft gegenüber der Erdoberfläche in Bewegung setzt, macht sich die CK bemerkbar und beginnt, die Luft nach rechts abzulenken. Je schneller die Luft strömt (2,3 und 4), umso größer (längere Pfeile) wird die Coriolis-Kraft und lenkt die Luft immer weiter nach rechts ab. Bei Position 5 wird die Luft nicht weiter beschleunigt, da sich DGK und CK nun genau ausgleichen, die resultierende Kraft Null geworden ist. Der Wind weht also mit einer konstanten Geschwindigkeit parallel zu den Isobaren genau von West nach Ost.

Isobaren wirken wie das Ufer eines Flusses. Je enger das Flussbett, umso schneller strömt das Wasser. Der stärkere Wind resultiert aus einer Zunahme der Coriolis-Kraft (CK), die die größere Druckgradient-Kraft (DGK) ausbalanciert (vgl. Grafik S. 74 oben).

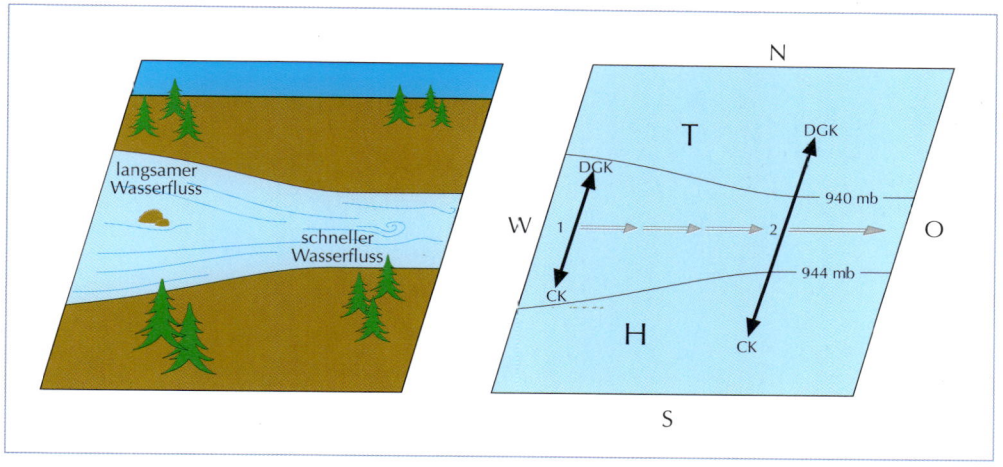

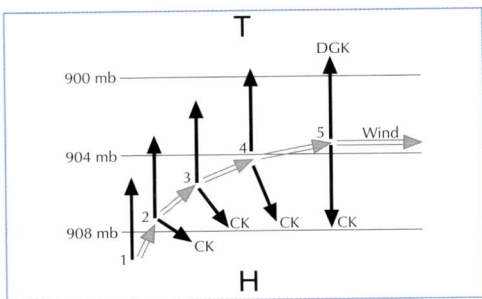

Die Luft kann nicht, der Druckgradient-Kraft (DGK) folgend, direkt zum Tief strömen, da sie von der Coriolis-Kraft (CK) nach rechts abgelenkt wird.

Diese Strömung der Luft wird **geostrophischer Wind** (griech: »Erddrehungswind«) genannt. Der geostrophische Wind weht so, dass der tiefe Druck auf der linken, der hohe Druck auf der rechten Seite liegt.

Nun sind die Isobaren sehr selten geradlinig, auch nicht im gleichen Abstand und der Wind ändert auch ständig seine Geschwindigkeit, sodass der geostrophische Wind nur eine Annäherung an die wirklichen Verhältnisse sein kann.

Wie es um Hochs und Tiefs weht

Warum weht der Wind um ein Tief links herum, wo doch die CK die Luft nach rechts ablenkt? Um das zu verstehen, schauen wir uns so ein Tiefdruckgebiet an. Laut Definition herrscht im Zentrum der tiefste Druck, also müssen die Isobaren kreisförmig um dieses Zentrum angeordnet sein.

Luft, von der DGK zum Zentrum hin beschleunigt, wird von der CK zunächst nach rechts abgelenkt. Da die DGK zum Tiefzentrum hin gerichtet ist, zwingt sie die Luft auf eine kreisförmige Bahn. So ein Wind, der mit konstanter Geschwindigkeit parallel zu gekrümmten Isobaren weht wird **Gradientwind** genannt.

Da der Wind auf seinem Weg um das Tiefzentrum ständig seine Richtung ändert, muss er zum Tiefzentrum hin beschleunigt werden, um die **Zentrifugalkraft (ZK)** auszugleichen, die die Luft geradlinig weitertreiben würde. Das Gleichgewicht muss also jetzt zwischen den 3 Kräften DGK, CK und ZK her-

Wegen des Gleichgewichts der auf ein Luftteilchen wirkenden Kräfte (DGK = Druckgradient-Kraft, CK = Coriolis-Kraft, ZK = Zentrifugalkraft) strömt bei gleichem Abstand der Isobaren die Luft um ein Hoch schneller als um ein Tief (vgl. Text).

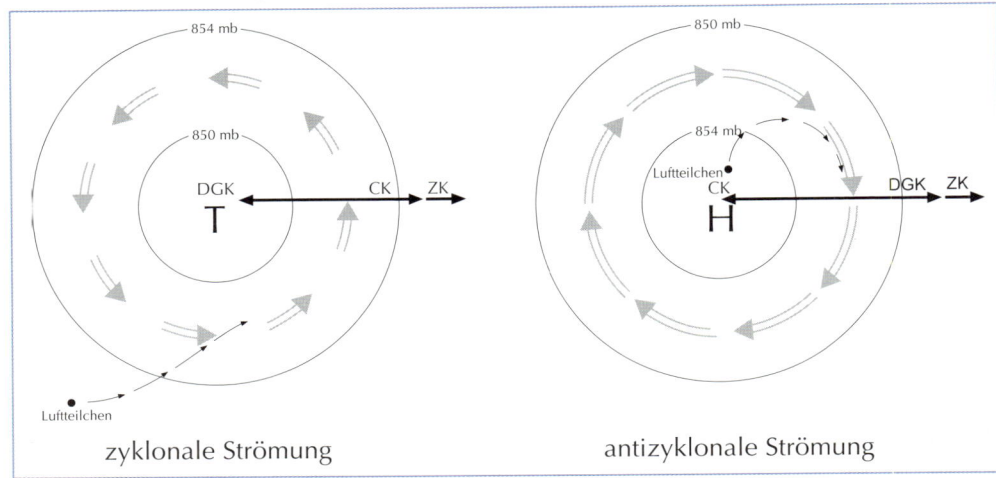

zyklonale Strömung   antizyklonale Strömung

gestellt werden. Da die ZK der DGK entgegen gerichtet ist, muss die CK genau um den Betrag der ZK geringer werden. Da aber die Größe der CK von der Geschwindigkeit abhängig ist, muss die Windgeschwindigkeit geringer werden, um Gleichgewicht zu erzielen. Da Tiefs auch Zyklonen genannt werden, wird die Strömung um ein Tief entgegen dem Uhrzeigersinn auch als **zyklonal** bezeichnet.

Nun ist leicht nachzuvollziehen, dass bei einem Hoch die Strömung im Uhrzeigersinn erfolgt und dabei DGK und ZK in gleiche Richtung wirken und nur durch die CK ausgeglichen werden. Gleichgewicht wird also erreicht, wenn die CK zunimmt, d.h. die Windgeschwindigkeit muss höher werden. Da Hochs auch Antizyklonen genannt werden, nennt man eine solche Strömung im Uhrzeigersinn um ein Hoch auch **antizyklonal**.

Wir können festhalten:
(5) **Bei gleichem Isobarenabstand ist der Wind um ein Hoch stärker als um ein Tief.**
(6) **Bei gleicher Windgeschwindigkeit ist der Isobarenabstand um ein Hoch größer als um ein Tief.**

Die Kleinigkeiten machen das Wetter

Mit dem geostrophischen Wind lassen sich viele Bewegungsvorgänge in der Atmosphäre erklären und verstehen. Aber leider sind es die kleinen Abweichungen, die das Wettergeschehen bestimmen. In unserem 2-Schichten-Modell haben wir die wetterwirksamen Vertikalbewegungen durch Zu- oder Abfluss von Luft erklärt. Und die könnten gar nicht stattfinden, wenn überall geostrophische Verhältnisse herrschen würden, denn dann stünden die Kräfte überall im Gleichgewicht wie die horizontalen Strömungen im Beispiel unseres Flusses.

Die kleinen Abweichungen kommen dadurch zustande, dass die Luft zwar sehr leicht ist, aber trotzdem eine Masse besitzt und damit träge ist. Das bedeutet nichts anderes, als dass sich der Wind immer

erst mit einer gewissen Verzögerung an Druckänderungen anpasst. (Den umgekehrten Fall gibt es auch; aber den wollen wir nicht behandeln.)

Um das zu verstehen, erweitern wir unser Beispiel vom Fluss. Stromabwärts soll sich das »Flussbett« wieder verbreitern, d.h. der Druckgradient wird wieder schwächer. An den Stellen (1) und (2) der Abbildung Seite 73 stehen DGK und CK im Gleichgewicht. Zwischen (1) und (2) aber nimmt der Druckgradient zu und damit auch die Kraft. Die beschleunigt nun die Luft, aber wegen der Trägheit geschieht das mit Verzögerung. Wegen der geringeren Geschwindigkeit ist die CK in dem gesamten Bereich der Zunahme des Druckgradienten kleiner als die entsprechende DGK. Um Gleichgewicht zu erreichen, wird die Luft so weit in Richtung der DGK abgelenkt bis sich DGK und CK ausbalancieren. Luft fließt also vom höheren zum niederen Druck.

Umgekehrt wäre weiter stromabwärts der Wind immer stärker als es der Abnahme des Druckgradienten entspricht und damit ist die CK größer als die entsprechende DGK. Dadurch wird die Luft so weit nach rechts abgelenkt bis sich DGK und CK ausbalancieren. Luft fließt also vom niederen zum höheren Druck.

Da die Adaption des Windes an das Druckfeld aber sehr schnell geschieht, sind diese so genannten **ageostrophischen** Abweichungen sehr gering und damit auch der Abfluss (**Divergenz**) bzw. der Zufluss (**Konvergenz**) von Luft. Die Bestimmung der Divergenz ist eines der schwierigsten Probleme in der atmosphärischen Dynamik, da sie im Allgemeinen die kleine Differenz zweier großer Größen ist.

Wenn der Wind am Boden weht

Streicht der Wind über die Erdoberfläche, reibt sich die Luft an Bäumen, Häusern, Bergen oder einfach nur am rauen Boden. Dadurch verliert die Luft an Energie, d.h. die **Reibungskraft (RK)** wirkt der Windrichtung entgegen und reduziert die Windgeschwindigkeit. Über Wasserflächen ist diese RK geringer als über Land.

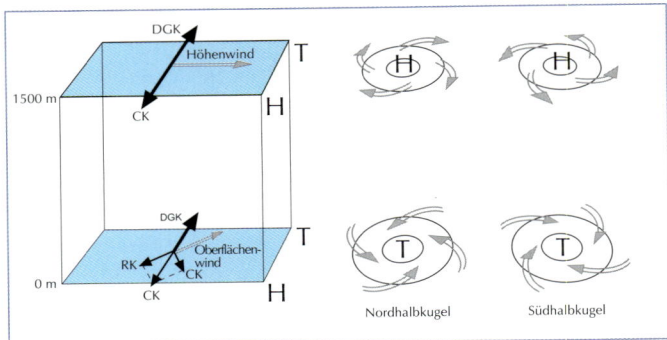

Die Reibung zwingt die Luft zum Tief. Auf der Südhalbkugel ist die Richtung anders herum.

Wenn die Windgeschwindigkeit durch die Reibung abnimmt, wird auch die CK geringer. Um wieder Gleichgewicht zu erreichen, wird der Wind so weit zum tiefen Druck abgelenkt bis Gleichgewicht zwischen DGK auf der einen Seite und CK bzw. RK auf der anderen Seite herrscht. Daraus folgt:

(7) **Der Bodenwind weht entgegen dem Uhrzeigersinn in ein Tief und**

(8) **im Uhrzeigersinn aus einem Hoch.**

Die Reibung ist an der Erdoberfläche natürlich am größten. Der Einfluss nimmt mit der Höhe ab und ist meist oberhalb von 1000–1500 m verschwunden. Die Schicht dazwischen wird **Reibungsschicht** genannt (manchmal auch **planetarische Grenzschicht**).

Die »Schraubenzieher«-Regel

Wenn die Luft nun in das Zentrum eines Tiefs weht, muss sie ja irgendwo hin. In den Boden kann sie nicht, bleibt also nur der Ausweg in die Höhe. Oberhalb des Tiefs (2-Schichten-Modell !) beginnt die Luft ab etwa 6 km Höhe wieder auseinander zu fließen, um die bodennahe Konvergenz auszugleichen. Solange Konvergenz am Boden und Divergenz in der Höhe gleich sind, wird sich der Druck am Boden nicht ändern. Durch das Aufsteigen der Luft bilden sich natürlich Wolken und bei entsprechender Stärke gibt es Niederschlag.

Umgekehrt wird die bodennahe Divergenz in einem Hoch durch konvergente Strömung in der Höhe kompensiert. Beim Sinken der Luft erwärmt sich diese, Wolken lösen sich auf und deshalb herrscht im Bereich eines Hochs meist sonniges Wetter (gilt nicht im Winter; Bodennebel!).

Wenn Sie eine Schraube eindrehen, dann drehen Sie den Schraubenzieher im Uhrzeigersinn. Wenn Sie die Schraube herausziehen, dann drehen Sie entgegen dem Uhrzeigersinn. So können Sie sich merken:

(9) **In einem Hoch sinkt die Luft im Uhrzeigersinn und**

(10) **in einem Tief steigt die Luft entgegen dem Uhrzeigersinn.**

Regentief und Sonnenhoch entstehen, weil am Boden Luft in ein Tief und aus einem Hoch strömt.

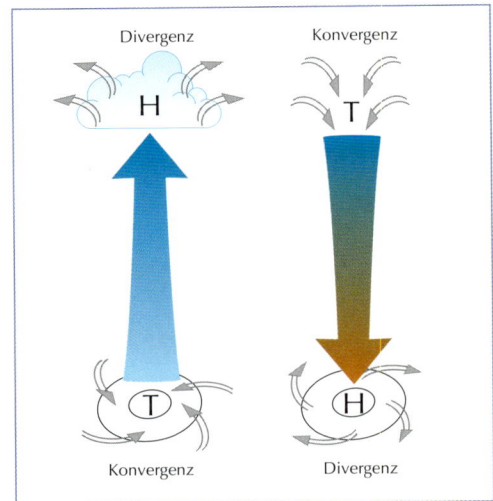

Was für Winde wehen

Der Wind transportiert also Wärme und Kälte, schafft Wolken heran und vertreibt sie auch wieder. Der Wind ist mit uns, wo immer wir uns bewegen. Er ist ein mächtiges Element und das Arbeitspferd des Wetters. Gleichgültig, ob er Hochs und Tiefs wochenlang um den Globus treibt oder uns mit einer Bö plötzlich Staub in die Augen bläst, er ist immer da.

Um nicht die Übersicht zu verlieren, teilen wir in der Meteorologie die Vielfalt der Bewegungen in der Atmosphäre in verschiedene Klassen oder in **Skalen** – in Anlehnung an das englische Wort »scale« –, wobei die Unterteilung nach Größe und Lebensdauer erfolgt.

Wenn Sie sich jetzt noch die Vorgänge am Erdboden in Erinnerung rufen, wo die Sonnenenergie im atomaren Bereich (10^{-4} cm) in Bruchteilen von Sekunden in Wärme umgesetzt wurde, dann erstrecken sich atmosphärische Prozesse über 12 Zehnerpotenzen, wobei die charakteristischen Zeiten der einzelnen Prozesse auch noch über die riesige Spanne von Sekunden bis hin zu einer Dekade reichen. Und alle diese Prozesse stehen in Wechselwirkung miteinander, wobei noch erschwerend hinzukommt, dass der Energiefluss sowohl von den kleinräumigen zu den großen Prozessen gerichtet sein kann wie auch umgekehrt.

Vielleicht können Sie jetzt erahnen, warum nur Supercomputer überhaupt in der Lage sind, Wettermodelle zu rechnen und warum es manchmal Fehlvorhersagen beim Wetter gibt.

Mit den kleinräumigen Turbulenzen – wie das Verwirbeln von Rauchwolken oder das Entstehen von kleinen »Staubteufeln« – wollen wir uns nicht weiter beschäftigen. Wir fangen mit den Prozessen an, die bei der Wettervorhersage wichtig sind und die Sie trotzdem nicht bei meinem ZDF-Wetterbericht erfahren, da sie zu kleinräumig sind: den lokalen Windsystemen.

Je kleinräumiger eine Vorhersage sein soll, umso kürzer kann nur die Vorhersagezeit sein.

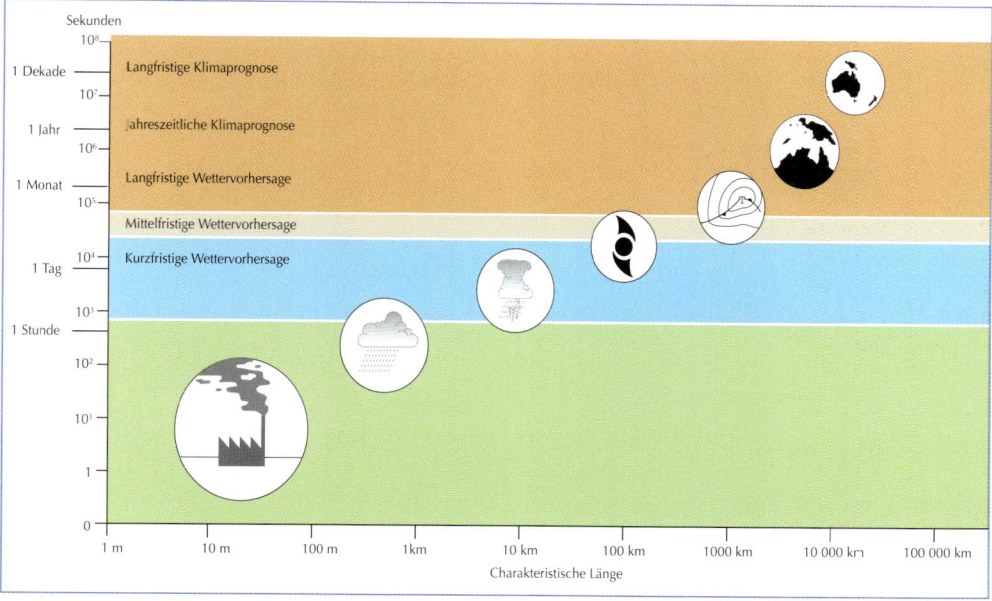

DIE LOKALEN
WINDSYSTEME

Im Sommer beschwert sich der Kurdirektor aus Sylt, dass auf seiner Insel das Wetter wesentlich besser sei als im ZDF-Wetterbericht vorhergesagt. In Oberstdorf kann es im Winter passieren, dass der Föhn innerhalb kurzer Zeit die Temperatur in die Höhe schnellen lässt und wer von Ihnen am Gardasee das Surfen lernen will, wird überrascht sein, wie Wind von einer Stunde zur anderen um 180 Grad drehen kann.

All das sind Ergebnisse **lokaler Windsysteme**, die durch unterschiedliche thermische, orographische (durch die Oberflächenform, z.B. Berge, bedingt) oder jahreszeitliche Einflüsse entstehen.

Wie warme und kalte Luft zirkulieren

Wir nehmen an, dass Druck und Temperatur überall am Erdboden gleich seien. Auch in der Höhe soll es keine unterschiedlichen Temperaturen geben. Dann müssen die Druckflächen überall parallel zum Erdboden verlaufen, d.h. es gibt keinen horizontalen Druckgradienten, damit auch keine Druckgradient-Kraft (DGK) und damit auch keinen Wind.

Nun soll sich die Luft im Norden abkühlen, im Süden erwärmen. In der kalten, dichter werdenden Luft nimmt der Druck mit der Höhe schneller ab, die Druckflächen rutschen zusammen; in der wärmeren und dünneren Luft wird der Abstand zwischen den Druckflächen größer. Durch diese Neigung der Druckflächen entsteht eine DGK, welche die Luft in der Höhe zwingt, vom hohen Druck (warme Luft) zum tiefen Druck (kalte Luft) zu fließen.

◁ *Cumulusreihen im Lee des Vogelsberges.*

Thermische Zirkulation. Bei unterschiedlicher ▷
Erwärmung steigt warme leichte Luft auf, kalte
schwere Luft sinkt zum Boden.

In dem Moment, wo sich die Luft in der Höhe in Bewegung setzt, ändert sich aber am Boden der Luftdruck. Im Süden wird die Masse der Luft weniger, also sinkt der Druck am Boden, im Norden kommt Luft dazu und erhöht somit den Bodendruck. Damit entsteht eine DGK von Nord nach Süd und die Luft beginnt, vom hohen Druck im Norden zum tiefen Druck im Süden zu wehen.

Auf dem Weg nach Süden erwärmt sich die kalte Luft, wird weniger dicht und leichter. Im Bereich des tiefen Druckes am Boden steigt sie in die Höhe, dehnt sich aus, wird kälter und fließt horizontal nach Norden zum tiefen Druck, wo sich der Kreislauf schließt, indem die Luft zu Boden sinkt. So ein Kreislauf, der durch Temperaturunterschiede entsteht, wobei warme Luft steigt und kalte Luft sinkt, wird **thermische Zirkulation** genannt.

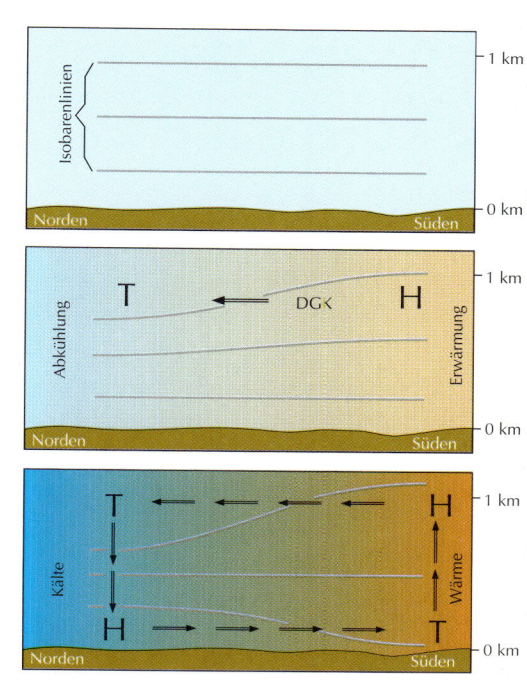

Die Bereiche hohen und tiefen Drucks am Boden werden als **thermische (kalte) Hochs** und **(warme) Tiefs** bezeichnet. Sie sind nicht sehr hoch reichend, da ja der hohe Druck am Boden durch die rasche Druckabnahme mit der Höhe und umgekehrt der tiefe Druck durch die geringe Druckabnahme kompensiert wird.

Wie Land- und Seewind wehen

An der See sind im Sommer solche thermischen Zirkulationen häufig zu beobachten. Das Wasser erwärmt sich tagsüber kaum, kühlt aber auch nachts nicht ab, während die Luft über dem Land tagsüber kräftig aufgeheizt wird, um nachts dann schnell abzukühlen.

Damit entsteht am Tage über dem Land ein thermisches Tief, über dem Wasser ein kaltes Hoch und damit weht ein Wind vom Meer zum Land. Dieser **Seewind** ist an der Küste am stärksten, da dort der Temperaturunterschied am größten ist und damit auch die DGK.

Nachts kühlt die Luft über dem Land schneller ab als über dem warmen Wasser und so drehen sich die Verhältnisse um. Wenn Sie noch einen Nachtspaziergang machen, spüren Sie , wie der Seewind erst einschläft und dann weht plötzlich die Luft vom Land her **(Landwind).**

Solche Land-Seewind-Zirkulationen sind natürlich dort am stärksten, wo der Temperaturunterschied zwischen Land und Wasser am größten ist. In vielen Regionen im äquatorialen Bereich sind solche Zirkulationen sehr ausgeprägt. Das gilt auch für viele Urlaubsstrände am Mittelmeer. Wenn dann direkt am Strand eine Steilküste beginnt, verstärkt sich die Zirkulation noch. Dabei kann der Seewind so kräftig werden, dass Paragleiter stundenlang parallel zur Küste fliegen können. An der Costa sel Sol wird der Seewind durch das Vorgebirge der Sierra Nevada verstärkt, dessen Hang von der Sonne sehr stark aufgeheizt wird.

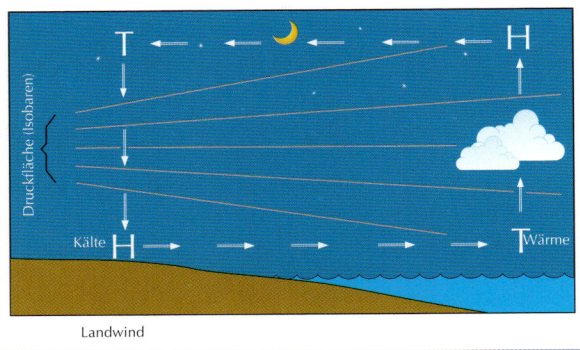

Die unterschiedlichen Wärmespeicher-Eigenschaften von Wasser und Land lassen die Land-Seewind-Zirkulation entstehen (vgl. Text).

Warum die Insel Sylt bevorzugt ist

Bei den vorgelagerten Nordseeinseln kommt noch ein besonderer Effekt dazu, der zeigt, wie thermische Zirkulationen ineinander übergehen können. Wir betrachten dazu einen ruhigen Sommertag auf Sylt. Bei Sonnenaufgang sei das Wasser wärmer als das Land. Über der Nordsee erkennt man einen Stratocumulus. Während die Sonne höher steigt, erwärmt sie das Land. Über Schleswig-Holstein und Sylt wachsen erste Cumuluswolken.

Doch die thermische Zirkulation über Sylt kann sich nicht lange halten. Das Festland wird stark aufgeheizt, damit wird der Seewind stärker und schneidet der Cumuluswolke über Sylt den Nachschub ab. Während die Wolke allmählich in sich zusammenfällt, wachsen die Quellwolken über Schleswig-Holstein weiter. Manchmal liefern die nachmittags Schauer und sogar Gewitter, während die Urlauber auf Sylt ungehindert die Sonne genießen können. In der Nacht baut sich dann das für die Küsten typische Landwind-System auf

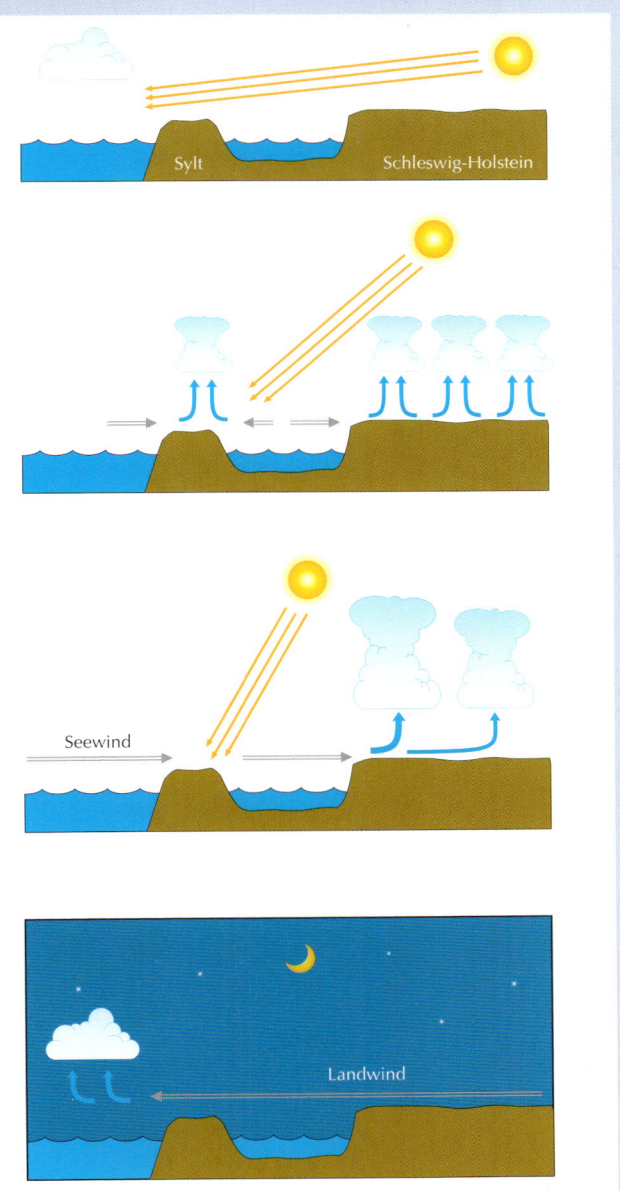

Wie Reibung Wolken erzeugt

An größeren Seen, die nicht von Bergen eingerahmt sind, wie z.B. am **Steinhuder Meer** sind häufig nur an einer Uferseite Wolken zu sehen. Um das zu verstehen, müssen wir uns lediglich an die Kräfte erinnern, die den Wind erzeugen bzw. verändern.

Der Wind soll am Westufer des Steinhuder Meeres aus WNW mit 20 km/h wehen. Wenn die Luft vom rauen Land auf das glatte Wasser weht, wird die Reibungskraft (RK) geringer, damit die Windgeschwindigkeit höher und damit auch die Coriolis-Kraft (CK), die nun den Wind nach rechts ablenkt,

sodass er über dem Wasser aus NW mit 25 km/h weht. Am Ostufer wird die Reibung stärker, die Windgeschwindigkeit schwächer, damit auch die CK und der Wind dreht wieder auf WNW.

Durch die Zunahme der Windgeschwindigkeit auf der Westseite fließt mehr Luft weg als vom Land nachkommt. Diese Divergenz muss ausgeglichen werden und so sinkt Luft aus der Höhe zur Seeoberfläche. Am Ostufer aber staut sich die Luft, d.h. konvergiert, durch die Abnahme der Windgeschwindigkeit und dadurch muss Luft nach oben ausweichen; bei genügend Feuchte entstehen dabei Wolken.

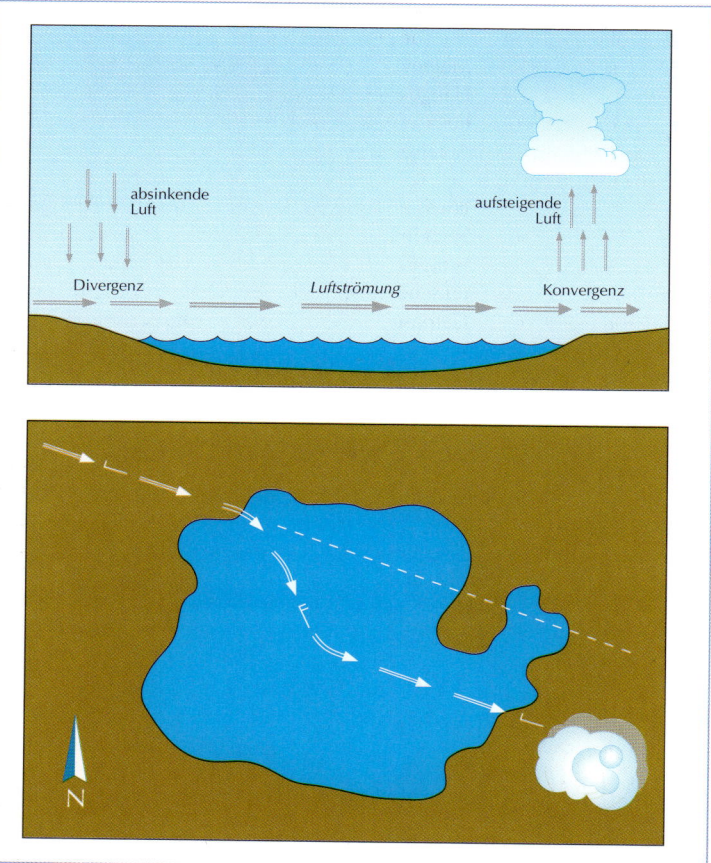

Die unterschiedliche Reibung über Land und Wasser lassen Wolken auf der Leeseite des Sees entstehen (vgl. Text).

Berge und Täler haben ihre eigenen Winde

Je stärker ein Gelände gegliedert ist, umso mehr wird es Windrichtung und -stärke beeinflussen. Das liegt einmal daran, dass der Wind durch Berge und Täler ständig in Richtung und Stärke verändert wird. Aber auch das thermische Verhalten wird bei den unterschiedlichen Hangneigungen ganz verschieden sein. Deshalb sind die meisten lokalen Winde, die einen Namen tragen, in den Bergen beheimatet und davon werden Sie jetzt einige kennen lernen.

Wegen der Kugelform der Erde ist klar, dass der äquatoriale Bereich mehr Sonnenenergie erhält als die Polargebiete, weil die Sonnenstrahlen dort fast senkrecht auf den Erdboden treffen. Was im Globalen richtig ist, trifft auch im Kleinen zu. Dort, wo sich ein Berghang zur Sonne neigt, wird mehr Sonnenenergie ankommen als in der Umgebung. Das ist bei uns auf der Nordhalbkugel an allen Südhängen der Fall.

Dort wird der Boden am stärksten aufgeheizt, damit die Luft am wärmsten, aber auch am leichtesten, und so wird sie am Hang entlang in die Höhe steigen. Da die Erwärmung am Hang sofort nach Sonnenaufgang beginnt, wird also sofort ein Wind vom Tal hangaufwärts wehen, der **Talwind**.

Nachts drehen sich die Verhältnisse um. Die Berghänge kühlen schneller ab als die umgebende Luft. Die mit dem Boden in Kontakt stehende Luftschicht wird ebenfalls kälter und schwerer und beginnt den Hang hinab ins Tal zu fließen, der **Bergwind** setzt ein.

Wenn der Talwind genügend Feuchte mit in die Höhe transportiert, entstehen um die Bergkuppen in den Mittagsstunden zunächst kleine Cumulus, die sehr rasch wachsen und nachmittags kräftige Schauer und auch Gewitter bringen können. Diese Situation ist schon vielen unerfahrenen Wanderern zum Verhängnis geworden. Morgens stiegen sie froh gelaunt bei herrlichem Sonnenschein auf, doch in den

Mittagsstunden wurden die Berge schlagartig in Wolken gehüllt, die Sicht ging gegen Null, sie verloren die Orientierung, und da die Temperatur in den Wolken rapide sank, führte Unterkühlung zur frühzeitigen Erschöpfung. Und für viele kommt alle Jahre wieder jede Hilfe zu spät.

In der Schweiz ist der **Walliser Talwind** bekannt, der bei Schönwetterlagen ziemlich regelmäßig auftritt und dann vom Ostufer des Genfer Sees bei Montreux das Rhonetal hinauf bis zur Zufahrt des Simplontunnels bei Brig weht.

Ähnliche Verhältnisse – nur nicht ganz so extrem – können Sie bei fast allen großen Bergseen in den Alpen beobachten. Sehr beliebt bei Surfern aber auch bei Paragleitern ist der **Walchensee** nördlich von Mittenwald. Ganz von Bergen umgeben, deren Hänge völlig unterschiedlich beschienen und aufgeheizt werden, wechseln die Winde ständig, was für Anfänger nicht zu empfehlen ist.

Etwas anders sind die Bedingungen an den großen Seen in **Kärnten**. Erstens erstrecken sie sich mehr in West-Ost-Richtung und zweitens sind die orographischen Gegebenheiten nicht so extrem wie am Gardasee. Während der **Ossiachersee** vormittags bessere Windbedingungen hat, wird der **Millstättersee** nachmittags bevorzugt.

Es würde zu weit führen, alle Seen auf ihre Surftauglichkeit zu untersuchen. Wenn Sie den Urlaub an einem See in bergigem Gelände verbringen, achten Sie auf die Umgebung und versuchen Sie mit Ihren erworbenen Kenntnissen die Geheimnisse des Windes zu erforschen.

Wie Fallwinde Autos ins Meer schleudern

Obwohl jeder hangabwärts gerichtete Wind – wie der nächtliche Bergwind – ein **katabatischer Wind** ist, wird dieser Begriff gewöhnlich nur für wesentlich stärkere Winde benutzt. Solche katabatischen

Warum der Gardasee bei Surfern beliebt ist

Der Gardasee wird im Sommer von Surfern und Seglern bevölkert, weil dort immer tolle Windverhältnisse angetroffen werden. Ein Blick aus dem Flugzeug zeigt, warum das so ist. Wie ein spitzwinkliges Dreieck wird der Gardasee im Westen, Norden und Osten von hohen Bergen eingerahmt.

Nach Sonnenaufgang werden zunächst die Berghänge am Westufer beschienen. Da die Luft auch im Norden nicht entweichen kann, fließt sie mit zunehmender Geschwindigkeit die Hänge hinauf. Ein konstanter kräftiger Ost- bis Südwind weht über den See. Um die Mittagsstunden gelangen die Hänge am Westufer in den Schatten der Berge, dafür werden jetzt die Hänge am Ostufer immer intensiver bestrahlt. Der vormittägliche Ost- bis Südwind wird schwächer, um plötzlich auf Südwest bis West zu drehen und an Stärke zuzunehmen. Und erst am späten Nachmittag, wenn die Sonne hinter den Bergen im Westen verschwindet, flaut auch der Wind ab.

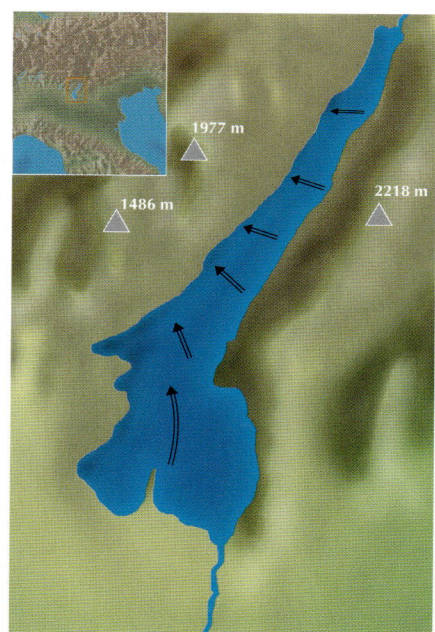

Der Wind auf dem Gardasee
am Vormittag

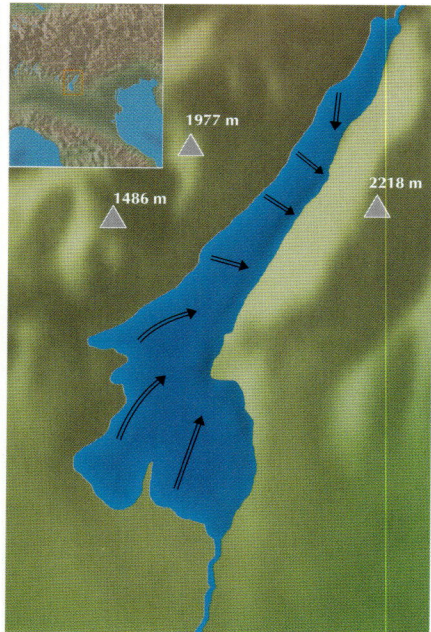

Der Wind auf dem Gardasee
am Nachmittag

Winde werden auch **Fallwinde** genannt und können mit Sturm- ja sogar Orkanstärke die Hänge hinunter stürzen.

Ideale Voraussetzungen für solche Fallwinde sind Hochplateaus, die von Bergen umgeben eine Öffnung zu einem steilen abwärts gerichteten Hang haben. Wenn sich im Winter auf dem Hochplateau Schnee ansammelt, kühlt die Luft darüber extrem ab und es entsteht ein ganz flaches kaltes Hoch. Die Druckgradient-Kraft (DGK) wird so stark, dass die kalte Luft auch über kleine Hügel hinweggetrieben wird und als ständiger Kaltluftstrom den Hang hinabweht. Wird diese DGK noch durch einen wetterbedingten Druckgradienten verstärkt, kann die kalte Luft wie bei einem Wasserfall mit Orkanstärke zu Tal stürzen.

Das berühmteste Beispiel in Europa ist die **Bora**. Wenn im Winter ein Hoch polare Kaltluft von Russland bis zum Balkan treibt, dann kühlt diese kalte Luft auf den schneebedeckten Hochebenen der slowenischen und dalmatinischen Berge noch weiter ab, um dann durch die schmalen Täler mit Sturmstärke zur Adria hinabzustürzen.

In früheren Jahren überquerte die Küstenstraße von Triest nach Dubrovnik die engen Täler nur über flache Brücken. Wenn die Bora dann mit Windgeschwindigkeiten von 100–150 km/h durch die Täler brauste, schleuderte sie Autos von den Brücken. Inzwischen sind die Brücken so hoch, dass die kalte Luft darunter hindurchfegen kann.

Die gleiche winterliche Wetterlage sorgt in Griechenland ebenfalls für einen trocken-kalten Wind aus den verschneiten Bergen in Mazedonien und Bulgarien, den **Aparktias**. In Rumänien wird dieser kalte Wind aus den russischen Weiten **Crivetz** genannt. Vor allem in der Moldau verschärft er den sowieso schon strengen Winter.

Bei Spanien denkt man unwillkürlich an die sonnigen Strände im Süden. Aber der Norden Spaniens ist im Winter sehr ungemütlich. Schneestürme jagen häufig über das Land und Sie werden sich wahr-

Wo die Eiseskälte weht

Solche Fallwinde wehen – allerdings wesentlich stärker – auch ständig von den Hochplateaus in **Grönland**. Berühmt ist der Fallwind an der Südostküste bei Angmagssalik. Wenn das Islandtief dort liegt, wo es seinen Namen her hat, dann werden die katabatischen Winde vom über 2500 m hoch gelegenen eisigen König-Christian-Land zum Orkan verstärkt.

Der wahrscheinlich windigste Ort der Welt ist die russische Antarktis-Station **Vostok**. Dort wurde nicht nur die bisher tiefste Temperatur mit -91,5 °C (!) gemessen, sondern an dieser Station weht der Wind im Jahresdurchschnitt mit Stärke 10 (!). In etwa 3400 m Höhe liegt diese Station an einem flachen Hang, über den die Eiseskälte aus 4000 m Höhe mit konstanter Sturmstärke zum Meer hinabstürzt.

scheinlich an Bilder von unpassierbaren Straßen erinnern. Und wenn der **Nortes**, ein kalter, beißender Wind von den schneebedeckten Höhen der Pyrenäen herabweht, dann sehnen sich die Nordspanier nach dem Frühling.

Am Bodensee ist der **Bregenzer Fallwind** bekannt: Bei hohem Druck über Mitteleuropa weht die Luft vom Pfänder herab. Deshalb wird dieser Nordostbis Ostwind auch **Pfänderwind** genannt. Im Inntal bei Rosenheim kennt man den **Erlerwind**, der von Österreich kommend (der Ort Erl liegt gerade an der Grenze) das Tal hinabweht und dabei Sturmstärke erreichen kann.

Aber auch in den deutschen Mittelgebirgen gibt es solche lokalen Fallwinde. Bekannt ist der **Höllentäler**, ein nächtlicher Fallwind im Dreisamtal bei Freiburg im Breisgau. Die kalte Luft von den Schwarzwaldhöhen wird im engsten Teil des Dreisamtales, dem Höllental, wie durch eine Düse gepresst und dabei enorm beschleunigt. Der **Rhönwind** weht z.B. von der Wasserkuppe zum einen das Sinntal hinab Richtung Bad Brückenau und zum anderen durch das Fuldatal. Zwischen Taunus und Westerwald ist die Wisper in ein enges Tal eingebettet, sodass der Wind kanalisiert wird und als **Wisperwind** bei Lorch ins Rheintal bläst. Aber auch die Görlitzer und Dresdener haben ihren eigenen Wind. Der **Görlitzer Wind** weht aus den Lausitzer Bergen an Zittau vorbei durch das Neißetal und der **Elbtalwind** bläst als kalter Fallwind begünstigt durch das enge Tal im Elbsandsteingebirge an Pirna vorbei bis nach Dresden.

Warum Regen und Föhn zusammengehören

Der **Föhn** ist zunächst einmal der Ausdruck für einen warmen, trockenen Wind, der auf der Leeseite von Bergen unter bestimmten Bedingungen anzutreffen ist. In Nordamerika wird dieser Wind als **Chinook** bezeichnet, in Argentinien heißt er **Zonda**. Bei uns ist der Föhn keine Erfindung der Menschen in den Alpen, sondern der Föhn tritt grundsätzlich überall auf, wo Berge überströmt werden. Allerdings müssen gewisse Bedingungen erfüllt sein.

Da in den Alpen die höchsten Berge Europas beheimatet sind, ist dort der Föhn-Effekt am stärksten ausgeprägt. Wir nehmen an, dass warme und feuchte Luft mit Südwestwind gegen die Südalpen getrieben wird. Sie wird gezwungen, bis zum Alpenhauptkamm aufzusteigen. Als mittlere Höhe nehmen wir 3000 m an. Bei der Hebung wird je nach Feuchte irgendwann die Luft gesättigt sein und die Wolkenbildung beginnt und damit findet die Umwandlung von latenter Wärme des Wasserdampfes in fühlbare Wärme statt.

Wir nehmen an, dass die warme Luft in Oberitalien (300 m NN) mit 15 °C ankommt, beim Aufsteigen in Südtirol um 1 °C pro 100 m abkühlt und in 700 m Höhe die Wolken entstehen. Die bei der Kondensation frei werdende Energie kommt jetzt der Wolkenluft zugute, sodass die Abkühlung pro 100 m nur noch zwischen 0,4° und 0,8 °C liegt. Wenn wir 0,6 °C als Mittel annehmen, wird die Luft in 3000 m Höhe -3 °C kalt sein. In Südtirol herrscht tristes Wetter und es regnet. Die entscheidende Frage dabei ist, wieviel Regen fallen wird. Welche Auswirkungen das für das Wetter in Oberbayern hat, wollen wir an 3 Fällen betrachten.

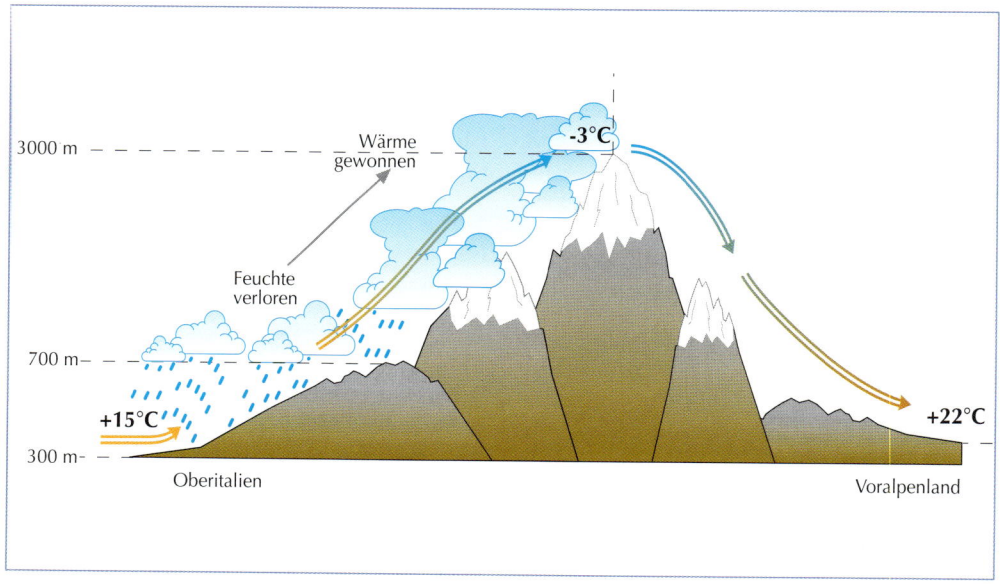

Zuerst nehmen wir an, dass es in Südtirol kaum regnen wird. Fast die ganze Feuchtigkeit steckt noch in den Wolken- und kleinen Regentröpfchen. Wenn die Luft jetzt auf der Alpennordseite in die Täler hinabfließt, muss diese Feuchtigkeit erst wieder verdunstet werden, d.h. die Wolken lösen sich erst beim Sinken bis etwa 1000 m auf. Die Alpen sind in Wolken gehüllt. An der Wolkenuntergrenze hat die Luft jetzt eine Temperatur von 9 °C und wird im Alpenvorland (500 m NN) mit 14 °C ankommen. Von Föhn wird sicherlich niemand sprechen.

Im 2. Fall soll es in Südtirol gleichmäßig regnen, d.h. ein Großteil der ursprünglich kondensierten Feuchte ist mit dem Regen aus der Wolke verschwunden. Nur noch die Gipfel werden in Wolken gehüllt sein, denn beim Sinken der Luft sind die restlichen Wolkentröpfchen bei 2000 m verdunstet. Die Luft an der Wolkenuntergrenze ist mit 3 °C zwar noch kühl, aber beim weiteren Sinken erwärmt sie sich ja jetzt um 1 °C pro 100 m und wird im Alpenvorland mit 18 °C ankommen. Auch noch nichts Besonderes! Aber die Luft ist schon sehr trocken; nur noch 45 % relativer Feuchte.

Im 3. Fall soll es in Südtirol richtig schütten und alles kondensierte Wasser fällt als Regen. In der Praxis wird das zwar nie ganz der Fall sein, aber es erleichtert die Rechnung. Die Wolkentröpfchen werden also sofort verdunsten, wenn die Luft auf der Nordseite abwärts fließt. Nur über dem Alpenhauptkamm stehen die Wolken wie eine Wand. Die Luft wird beim Sinken immer wärmer und trockener und kommt im Alpenvorland mit 22 °C an. Bei nur etwa 10% relativer Feuchte herrschen Wüstenverhältnisse.

Die extrem trockene Luft führt zu einem Phänomen, das Besucher in München staunen lässt. Wie zum Greifen nahe erscheinen die Alpengipfel. Je wärmer und feuchter die Luft auf der Alpensüdseite ist und je heftiger der Regen, umso heißer und trockener zeigt sich der Föhn

◁ *Wegen der Höhe der Berge und der hohen Feuchte der Mittelmeerluft ist der Alpenföhn am stärksten (vgl. Text).*

Wenn Luft sich wie Wasser und Öl verhält

Bevor der Föhn einsetzt, bestimmt noch kalte, schwere Luft das Wetter im Alpenvorland. Und eigentlich ist nicht einzusehen, warum die der warmen, leichten Luft weichen soll. Dass dies dennoch passiert, hängt mit Wellenbewegungen zusammen, die durch die Alpen erzeugt werden. Solche Wellen können nur entstehen, wenn die Luft **stabil geschichtet** ist.

Wenn Sie einen Stein ins Wasser werfen, werden die Wasserteilchen zunächst nach unten gedrückt, schwappen zurück, steigen wegen des Schwunges über die Wasseroberfläche und werden von der Schwerkraft wieder zurückgeholt. Die Energie des fallenden Steines pflanzt sich so als Pendelbewegung kreisförmig fort: eine Welle ist entstanden.

Werfen Sie den gleichen Stein in Öl, dann gibt es ein einmaliges Ab und Auf der Oberfläche. Es entsteht keine Welle, da für die Ölteilchen wesentlich mehr Energie aufgewendet werden muss, um sie aus der Gleichgewichtslage zu befördern. Das zähe Öl hat also die gesamte Energie des fallenden Steines sofort verbraucht.

Auch Luft kann unterschiedlich »zäh« sein. Diese Zähigkeit wird durch die **Stabilität** der vertikalen Luftschichtung ausgedrückt. Bei normaler Stabilität verhält sich Luft wie Wasser. Die Luftteilchen werden bei Überströmen des Alpenhauptkammes zu einer Wellenbewegung veranlasst. Es hängt dann von der Feuchte ab, ob wir von dieser Welle etwas sehen.

Bei geringer Feuchte entstehen nur im obersten Teil der Welle schmale Wolken, die wie Linsen aussehen und deshalb nach dem lateinischen Wort »lenticular« (= linsenförmig) **Lenticularis-Wolken** genannt werden. Obwohl der Wind stark ist, scheinen sich diese Wolken nicht zu bewegen, ein Hinweis darauf, dass die Alpen wirklich eine stehende Welle – **Lee-Welle** genannt – erzeugen.

Liegt die Wolkenuntergrenze tiefer, reicht die Erwärmung der sinkenden Luft nicht aus, die Wolkentröpfchen zu verdunsten. Nur ein regelmäßiges Muster von dunkleren und helleren Streifen innerhalb der Wolken deutet auf die Wellenbewegung hin.

Treten solche Wellenerscheinungen auf, wird fälschlicherweise gleich von Föhn gesprochen. Richtiger wäre die Bezeichnung **Lee-Effekt**. Der Föhn stellt dann ein Spezialfall dieser Wellenbewegungen dar.

Wo der Föhnsturm tobt

Die Rocky Mountains in Nordamerika sind noch höher als die Alpen und so ist der amerikanische Föhn, **Chinook** genannt, auch noch extremer in seinen Auswirkungen. Besonders im Winter, wenn östlich der Berge über den riesigen, schneebedeckten Weiten der **Great Plains** die Temperaturen tief in den frostigen Keller gesunken sind, kann es zu unvorstellbaren Temperatursprüngen kommen.

Wenn Santa Ana Waldbrände entfacht

Der **Santa Ana** ist ein warmer und trockener Wind, der aus der Mojave-Wüste ins südliche Kalifornien weht. Er entsteht, wenn ein Hoch im Nordosten über Utah die schon trockene Wüstenluft aus der Hochebene durch die Täler und Canyons der San-Gabriel- und San-Bernadino-Berge treibt. Vor allem im Santa Ana Canyon stürmt es. Da die Wüstenluft beim Absinken noch heißer und trockener wird, wird die Vegetation in kürzester Zeit ausgetrocknet.

Vor allem im Herbst, wenn die sommerliche Dürre den Höhepunkt erreicht, brennen Sträucher und Bäume sehr leicht und diese Feuer werden durch den Santa-Ana-Wind angefacht. Eine Feuerwalze rast dann auf die östlichen Vororte von Los Angeles zu.

Der kleine Föhn ist überall

Wie schon gesagt, wird beim Überströmen jeden Hindernisses eine Lee-Welle erzeugt, wenn die Luft stabil geschichtet ist. Damit können überall auf der windabgewandten Seite Föhnerscheinungen auftreten. Die Wirkungen des Föhns kommen – wie wir gesehen haben – nur dann richtig zur Geltung, wenn die Ausgangsluft sehr warm und feucht ist. Es muss sich also um eine stabile Strömung aus Südwesten handeln. Und deshalb werden auch nur im Nordosten von Hindernissen solche Föhnerscheinungen registriert.

Sehr bekannt ist der **Eifel-Föhn** in der Gegend um Euskirchen. Wenn sich feuchtwarme Luft aus Südfrankreich an den Ardennen und der Eifel ausgeregnet hat, dann sorgt der Eifel-Föhn westlich von Köln und Bonn für warmes und sehr trockenes Wetter.

Da das **Erzgebirge** noch höher ist als die Eifel, sind Lee-Effekte auch ausgeprägter. Häufig ist es dann so, dass an Tagen mit Südwestwind in der Lausitz durch Föhn die höchsten Temperaturen in Deutschland gemessen werden.

Ein Phänomen besonderer Art ist der **Harz-Föhn**. Da der Brocken als höchste Erhebung des Harzes wie ein Kegel aus der Umgebung herausragt, macht sich der Föhn-Effekt auch nur in einem kleinen Dreieck nordöstlich des Brocken zwischen **Wernigerode**, **Halberstadt** und **Quedlinburg** bemerkbar.

Natürlich gibt es auch auf der Alpensüdseite Föhn, doch wird der nicht durch Namen besonders hervorgehoben. Der Grund liegt in den unterschiedlichen Vorbedingungen. Die aus Norden anströmende Luft ist kälter und kann deshalb von Natur aus schon nicht so viel Feuchte mit sich führen. Wie wir gesehen haben, ist der Föhn-Effekt dann sehr gering. Der **Nordföhn** macht sich im Tessin, in Südtirol und in Kärnten deshalb weniger durch Temperaturerhöhung bemerkbar als vielmehr durch kräftigen Wind und einen tiefblauen Himmel. Das gilt vor allem im Winterhalbjahr, wenn die Ursprungsluft kalt ist, über den schneebedeckten Gipfeln noch mehr abkühlt und dann als kalter aber sehr trockener Föhnwind die Alpensüdseite hinabweht.

Wüstenwind gibt es nicht nur in der Wüste

Sandstürme entstehen in Wüstenregionen, wenn sich durch die extreme Aufheizung des Bodens lokale Windsysteme bilden, die Sturmstärke erreichen können und dabei leichte Sandpartikel in die Höhe reißen.

Das spektakuläre Beispiel eines solchen lokalen Sandsturms ist der **Haboob** (auch **Habub** geschrieben). Er entsteht, wenn in einem Gewitter die Kaltluft herabstürzt und auf der Vorderseite Sand zu einer riesigen dunklen Wolkenwalze emporreißt. Solche Wolkenwalzen können bis zu 100 km breit sein und reichen meist nur wenige hundert Meter hoch. Der Haboob tritt in Oberägypten und im Sudan auf sowie in den Wüstengebieten der USA, vor allem im südlichen Arizona.

Die kleinen rotierenden Wirbel, die an heißen Tagen über staubigen Flächen entstehen, werden **Staubteufel** genannt. In Australien nennen die Eingeborenen Aborigins solche Staubteufel **Willy-Willy**. Die Luft über dem heißen Boden wird absolut instabil, Konvektion setzt ein und die Hitze steigt in die Höhe. Wind, oft durch irgendwelche Hindernis-

Wenn die Temperatur Sprünge macht

In **Spearfish**, Süd-Dakota, machte die Temperatur am Morgen des 22. Januar 1943 innerhalb von 2 Minuten (!) einen Satz um 27°C. Am selben Morgen gab es auch im benachbarten **Rapid City** unglaubliche Temperaturänderungen:

05:30 Uhr:	- 20 °C
09:40 Uhr:	+12 °C
10:30 Uhr:	- 12 °C
10:45 Uhr:	+13 °C

So extrem kalte und schwere Luft macht nicht einfach der warmen Luft Platz. Da müssen schon ordentlich Kräfte wirken und deshalb gehen solch plötzliche Erwärmungen mit einer Winddrehung und einer rapiden Geschwindigkeitszunahme einher. So ein **Föhnsturm** kann innerhalb weniger Minuten Stärke 10–11 erreichen!

se abgelenkt, lässt die Luft sowohl zyklonal als auch antizyklonal rotieren.

Viele heiße Winde in der Sahara werden durch Tiefdrucksysteme erzeugt. Je nachdem, wo die Tiefs liegen, wehen diese heißen Winde in unterschiedli-

Die Sahara ist die heißeste Gegend der Erde. Wenn der Wüstenwind weht, leiden die Menschen. Die Karte zeigt typische Beispiele in verschiedenen Regionen Europas und Nordafrikas.

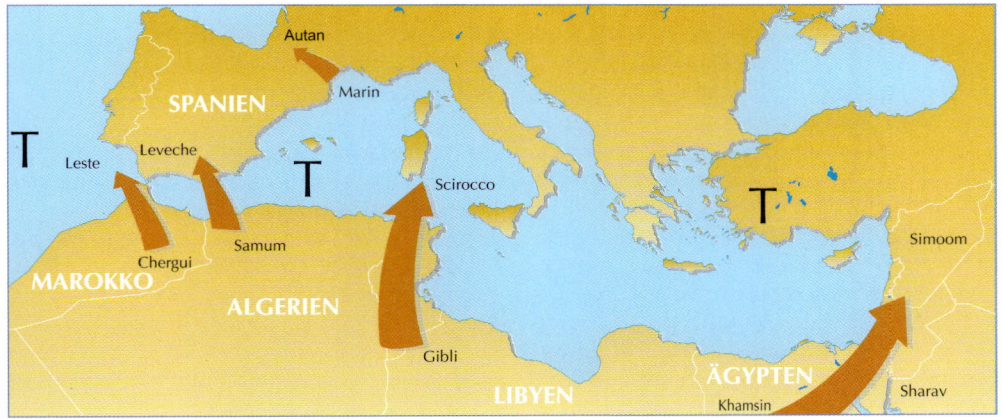

chen Gegenden und haben dann verschiedene Namen erhalten. Wenn ein Tief noch vor der Iberischen Halbinsel auf dem Atlantik liegt, dann bläst ein heißer, trockener und staubiger Südostwind, der **Chergui**, vom Atlas-Gebirge herab über Marokko hinweg auf den Atlantik. Wenn er als Südwind über das Mittelmeer weht, kommt er als **Leste** in Portugal oder als **Leveche** in Südspanien an. Da der Weg über das Meer sehr kurz ist, bleiben der Leste und der Leveche trocken und heiß. Weht der Wind etwas weiter im Osten über das westliche Mittelmeer, dann hat er viel Feuchte aufnehmen können und erreicht als **Marin** die französische Küste. Beim Stau an den Süd- und Südosthängen kann es kräftige Regenfälle geben. Weht der Wind über die Pyrenäen und die Cevennen, kann es auf der Nord- bzw. Westseite der Berge zu einem Leewind kommen, dem **Autan**. Und wenn der Wind zu einem richtigen Föhn wird, dann wird der Wind **Autan blanc** genannt.

Liegt das Tiefzentrum über dem westlichen Mittelmeer weht ein heißer, trockener Wind aus der Sahara nach Norden, der in Algerien **Samum**, in Libyen **Gibli** genannt wird. Wird die Luft über das Mittelmeer nach Italien getrieben, kommt der **Scirocco** an (auch **Schirokko** geschrieben). Auf dem längeren Weg über das Mittelmeer nimmt er Feuchte auf, sodass es beim Aufsteigen der Luft am Apennin zu heftigen Regenfällen kommen kann.

Ist das Tiefzentrum weiter nach Osten gewandert, werden heiße Winde über Ägypten und den Nahen Osten getrieben. Diese Winde sind extrem heiß, lassen die Temperatur auf 50 °C und mehr schnellen, während die relative Feuchte unter 10 % sinkt. Der bekannteste Wüstenwind ist der **Khamsin** (auch **Chamsin** oder **Kamsin** geschrieben). Weht er über Israel hinweg, wird er dort **Sharav** genannt und auf der Arabischen Halbinsel **Simoom**. Das bedeutet »giftiger Wind«, weil bei der extremen Hitze und Trockenheit selbst die Araber Hitzschläge bekommen können.

Besonders im Winterhalbjahr kann man in Satellitenbildern eine Staubfahne erkennen, die von der Westsahara – meist in der Höhe von Dakar – bis weit über die Kapverdischen Inseln hinaus weht. Dieser trockene, heiße Wüstenwind, **Harmattan**, kann so stark werden, dass die Staubfahne über 2000 km weit im Atlantik zu sehen ist.

Ähnlich wie die Wüstenwinde Nordafrikas wird der **Suchowei** durch Tiefdruckgebiete ausgelöst, die im Sommer von Polen oder Rumänien her nach Russland ziehen. Dieser heiße und trockene Südostwind kann in den Kornkammern der Ukraine zu verheerenden Dürreschäden führen.

Während bei uns die heißen Wüstenwinde aus Süden wehen, ist es in Australien gerade umgekehrt. Dort wehen die heißen, trockenen Winde aus den Wüstengebieten im Innern Australiens von Norden her an die Südküste und werden deshalb die **Northers** genannt.

Wenn der Mistral durch das Rhonetal fegt

Einer der bekanntesten lokalen Winde In Europa ist der **Mistral**. Wenn kalte und damit schwere Luft von Nord oder Nordwest gegen die Alpen strömt, wird sie sich ähnlich wie Wasser einen Weg zwischen den Hindernissen suchen. Unterdrückt auch noch ein Hoch über Westfrankreich den Drang der kalten Luft die Berge hinaufzuströmen, dann gibt es für die Luft nur den Weg durch das **Rhonetal**. Dabei wirken die französischen Alpen und das Zentralmassiv wie ein Trichter. Die Luft wird beschleunigt und bläst mit Sturmstärke durch das Tal.

Der Mistral kann Geschwindigkeiten von mehr als 120 km/h erreichen und das ist Orkanstärke. Dann werden auf der Autobahn von Lyon nach Marseille nicht nur PKWs sondern auch Lastwagen von der Fahrbahn geweht. Mit Sturmstärke braust der Mistral durch die Rhonemündung aufs Mittelmeer hinaus. Über 100 km von der Küste entfernt macht sich der böige Nordwind noch bemerkbar und hat beim plötzlichen Einsetzen schon manches Segelboot kentern lassen.

Bei ähnlicher Wetterlage weht ein kalter, trockener Nordostwind, die **Bise**, durch das Schweizer Mittelland bis in die Gegend um Genf und die französischen Voralpen.

Wenn ein Hoch über Mitteleuropa liegt, dann bläst in Mazedonien und Nordgriechenland ein dem Mistral vergleichbarer Wind, der **Vardarwind**. Von Skopje kommend zwängt sich der Vardar durch ein enges Tal nach Südosten, um sich dann weit zur Ägäis bei Thessaloniki zu öffnen.

Ganz allgemein werden die kalten Nord- bis Nordostwinde, die vor allem im Winterhalbjahr zum Teil mit Sturmstärke im Mittelmeerraum wehen, **Gregale** (auch **Grecale**) genannt.

Unberechenbare Winde über dem Mittelmeer

Auch im Sommerhalbjahr kann es am Mittelmeer für Segler ganz schön ungemütlich werden. Wenn relativ kühle Luft von Norden her über das schon warme Wasser fließt, können diese Winde Sturmstärke erreichen und werden dabei sehr böig. Die berühmtesten Vertreter dieser Winde sind die **Etesien** am östlichen Mittelmeer.

Besonders in der Ägäis können die Etesien zur großen Gefahr für die Schifffahrt werden. Neben Sturmstärke und Böigkeit sind es die vielen kleinen Inseln, die zur tückischen Falle für Segler werden können. Auf kürzeste Entfernung können diese Inseln durch Düsenwirkung die Windgeschwindigkeit drastisch erhöhen, während nur wenige Meter westlich oder östlich im Lee der Inseln Windstille herrscht. Diese plötzlichen Änderungen der Windstärken zwischen Null und 10 veranlassen selbst Einheimische, bei solchen Wetterlagen nicht auf das Meer hinauszufahren. Auch der Fährverkehr zwischen den Inseln wird dann eingestellt.

In der Adria und im Ionischen Meer wird dieser kühle Nordwestwind **Maestro** genannt.

Frischer Wind für Rätselfreunde

Die wichtigsten Vertreter der lokalen Windsysteme haben Sie kennen gelernt. Doch ist klar, dass überall auf der Welt die geographischen Besonderheiten für Windsysteme sorgen, die dann einen bestimmten Namen erhalten. Selbst wenn ich alle kennen würde, dürften sie den Rahmen dieses Buches sprengen.

Doch will ich noch einige Winde nennen, die bei Kreuzworträtseln abgefragt werden:

Der **Buran** ist ein kalter Nord- bis Nordostwind, der im Winter über Sibirien weit nach Süden weht.

Der **Purga** ist der schlimmere Bruder des Buran, fegt mit Schneesturm über das Land und bringt riesige Schneeverwehungen. In Alaska wird dieser Nordostwind, meist mit Schneefall verbunden, **Burga** genannt.

Kaltluft aus den winterlichen Hochebenen Nordamerikas lässt als **Texas Norther** auf dem Weg nach Süden in Texas die Temperatur innerhalb kurzer Zeit um 10 °C und mehr fallen. Erreicht ein solcher Kaltluftausbruch Mittelamerika, dann wird er dort als **Norte** bezeichnet. Und wenn diese Kaltluft auch noch die Berge Mittelamerikas überströmt, dann weht sie als **Papagayo**, ein Nordostwind an der Pazifikküste von Nicaragua und Guatemala. Wenn die kalte Nordluft im Südosten Mexikos zwischen den 3000 m hohen Bergen von Oaxaca und Chiapas beschleunigt wird, dann weht sie als stürmischer **Tehuantepecer** in den Golf entsprechenden Namens.

Das Gegenstück in Südamerika ist der **Pampero**; ein Südwind, der aus den Pampas Argentiniens mit empfindlich kalter Luft über Uruguay bis in das Amazonas-Gebiet weht. Vor dem Pampero bringt ein Tief, das nach Osten zum Atlantik zieht, erst einmal warme und sehr feuchte Luft aus dem tropischen Norden und deshalb wird dieser Nordwind in Argentinien **Norte** genannt. Hier auf der Südhalbkugel ist der Norte warm, im Gegensatz zum kalten Norte in Mittelamerika.

WIE IM KLEINEN

SO IM GROSSEN

Unterschiedlich temperierte Luft führt zu einem Druckgradienten, der eine Kraft erzeugt, die wiederum den Temperaturunterschied auszugleichen versucht. Was wir so bei den lokalen Windsystemen gelernt haben, muss im Großen auch stattfinden, denn wir hatten zu Beginn gesehen, dass die eingestrahlte Sonnenenergie wegen der Kugelgestalt der Erde sehr ungleichmäßig verteilt wird und der ständige Überschuss im äquatorialen Bereich Richtung Nord- und Südpol transportiert wird.

Wie so etwas funktionieren könnte, kennen die Älteren noch von der guten alten Ofenheizung: Über dem heißen Ofen wird die Luft erwärmt, steigt zur Decke, strömt zu den gegenüberliegenden Fenstern, gibt dort die Wärme ab, wird selbst kalt und schwer, sinkt zu Boden und fließt zum Ofen zurück, um dort erneut aufgeheizt zu werden.

Diese so genannte **direkte Zirkulation** auf unseren Planeten angewandt, hätte folgendes Schema zur Folge: Die warme Luft würde im äquatorialen Bereich aufsteigen, an der atmosphärischen »Zimmerdecke« in großer Höhe zu den beiden Polen fließen, dort zu Boden sinken und gleichzeitig würde die

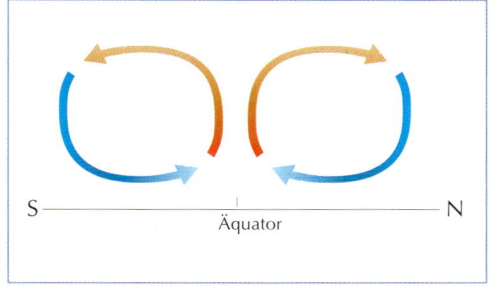

Eine direkte Zirkulation würde warme leichte Luft in der Höhe zu den Polen schaffen.

kalte Polarluft zum Aufheizen am Boden Richtung Äquator strömen.

Dieses einfache Kreislaufsystem hat einen kleinen Nachteil; es funktioniert auf unserem Planeten nicht und seien wir froh, dass dem so ist, denn das Wetter wäre trostlos. Das ganze Jahr hindurch nur Nordwind, der in Norddeutschland und auf den Bergen ständig mit Sturmstärke blasen würde, dazu im Winter eisig kalt und auch im Sommer gerade mal knapp über Null Grad.

Motor unseres Wetters: Der ständige Energieüberschuss in den Tropen muss zu den Polen verfrachtet werden.

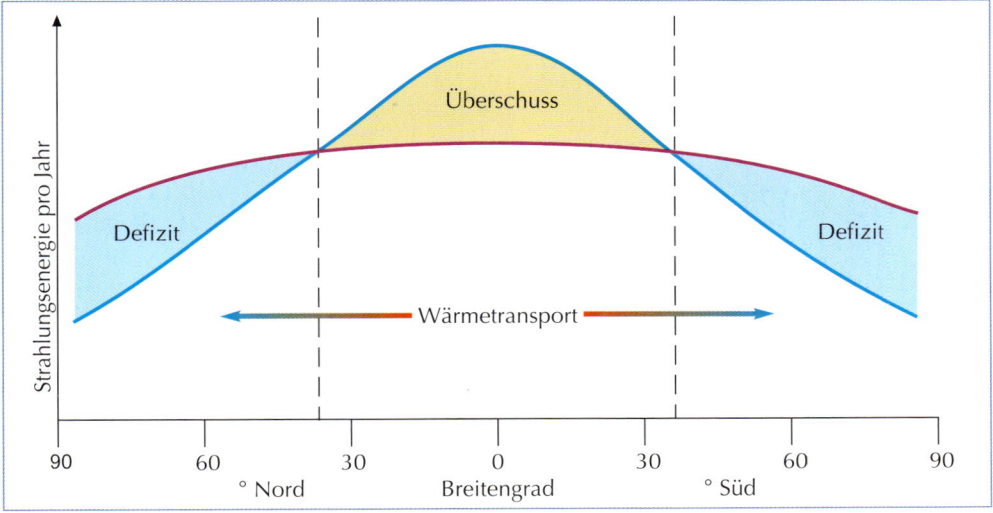

Warum wir mit Schallgeschwindigkeit »fliegen«

Bei der Entstehung der Winde haben wir kennen gelernt, warum dieses einfache Schema auf unserem Globus nicht möglich ist. Es ist die Coriolis-Kraft, welche die Luft scheinbar nach rechts ablenkt, weil wir meinen, uns in einem ruhenden System zu befinden, in Wirklichkeit aber auf einer rotierenden Erde leben.

Bekanntlich dreht sich die Erde einmal am Tag um ihre Achse. Der Erdumfang am Äquator beträgt rund 40 000 km und so bewegt sich jeder Punkt am Äquator mit 40 000 km : 24 Stunden = 1670 km/h, d.h. mit Überschallgeschwindigkeit. Nord- und Südpol drehen sich quasi auf der Stelle, dort ist die Geschwindigkeit gleich Null. Rechnet man die Geschwindigkeiten für verschiedene Breiten aus, ergeben sich folgende Werte:

Die Bewohner von Oslo (60 °N) bewegen sich nur halb so schnell wie die Menschen am Äquator. Bei uns »fliegen« die Schweizer und Österreicher mit Überschall, die Norddeutschen bleiben knapp darunter.

Wie der Wärmetransport am Äquator funktioniert

Was passiert also mit der warmen Luft, die am Äquator in die Höhe steigt und zu den Polen fließen will? Luft ist zwar sehr leicht, aber sie hat doch eine ganz bestimmte Masse, was wir beim Luftdruck ja kennen gelernt haben. Immerhin beträgt die Masse der Atmosphäre $5,3 \times 10^{15}$ (= 5300 Billionen) Tonnen. Verteilt man diese Masse gleichmäßig auf der Erdoberfläche von etwa 510 Millionen km^2, dann drückt sie eben unter dem Einfluss der Schwerkraft mit etwa 1013 mb auf den Boden.

Und jede Masse ist träge, was nichts mit Faulheit zu tun hat, sondern nur besagt, dass die Eigenschaften beibehalten werden. In unserem globalen Fall setzt sich die Luft nach Norden und Süden in Bewegung, behält dabei aber ihre Geschwindigkeit von 1670 km/h bei. Je weiter sich die Luft vom Äquator entfernt, umso größer wird der Geschwindigkeitsunterschied zu den Gebieten darunter. Die Luft wird also der Erdoberfläche immer weiter vorauseilen. Wenn die Luft in 30 °N bzw. 30 °S angekommen ist, strömt sie etwa 220 km/h schneller als die Erde unter ihr. Aus der zu den Polen fließenden Luft ist ein reiner Westwind geworden.

60°N — 835 km/h
45°N — 1180 km/h
30°N — 1450 km/h
Äquator — 1670 km/h

Durch die Rotation der Erde bewegt sich jeder Punkt auf der Erdoberfläche – je näher dem Äquator, desto schneller. Wenn Sie zum Urlaub in den Süden fahren, »fliegen« Sie mit Überschall-Geschwindigkeit.

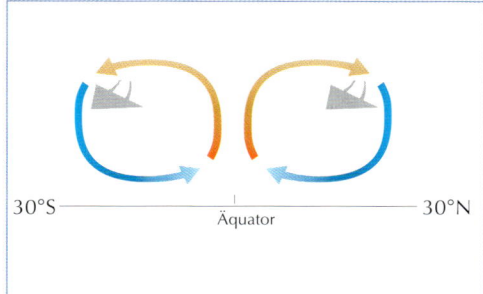

Das konstante Zirkulationssystem am Äquator sorgt für extremes Klima: Regenwald und Wüste (vgl. Text).

Dieser Vorgang spielt sich in einer Höhe von 12–16 km ab. In diesen Höhen trifft man eines der beständigsten Windsysteme auf der Erde. Sowohl in 30 °N als auch in 30 °S zieht sich ein Westwindband, der **Subtropenjet**, mit einer durchschnittlichen Geschwindigkeit von etwa 200 km/h rund um die Erde.

Wenn Sie beruflich oder privat in den Fernen Osten fliegen und Sie nehmen die Südroute über Indien, dann wird der Pilot Ihrer Maschine diesen Rückenwind ausnutzen und dabei nicht nur Sprit sondern auch Zeit sparen.

Im Bereich des Subtropenjets wird nun die Wärme Richtung Pol abgegeben, die Luft kühlt ab, wird schwer, sinkt zu Boden und strömt wieder zum Äquator zurück. Dabei kommt sie immer aus einem Gebiet mit geringerer Drehgeschwindigkeit der Erde, wird also immer weiter gegenüber der Erdoberfläche zurückbleiben. Die Luft wird also nicht genau aus Norden und Süden zum Äquator strömen, sondern auf der Nordhalbkugel aus Nordost und auf der Südhalbkugel aus Südost. Und damit haben wir nun doch unser einfaches System der direkten Zirkulation.

Diese gleichmäßigen Winde am Boden wurden früher von den Seglern auf ihrer Fahrt nach Amerika genutzt und **Passatwinde** genannt. Dabei wirkt sich nicht der gesamte Unterschied der breitenabhängi-

gen Geschwindigkeit aus, weil die Reibung am Erdboden einen Teil der zum Äquator hin höher werdenden Geschwindigkeit an die Luft überträgt. Wegen der Richtung heißt der Passat auf der Nordhalbkugel **Nordostpassat**, entsprechend auf der Südhalbkugel **Südostpassat**.

Der kalte Bruder im Polargebiet

Wir wissen jetzt, dass die warme Luft vom Äquator so nie den Nord- bzw. den Südpol erreichen wird. Aber auch die Kaltluft aus den Polargebieten wird auf diese Weise nie am Äquator ankommen, denn auch zwischen den Polen und etwa 60 °N bzw. 60 °S existiert das gleiche einfache Zirkulationssystem wie in den äquatorialen Breiten.

Über den Polargebieten sinkt die kalte Luft zu Boden, strömt Richtung Äquator, wird dabei nach Westen abgelenkt, da sich die Erde schneller dreht, steigt bei 60° in die Höhe und strömt dort wieder zu den Polen zurück. Dabei wird dieses System an der jeweils warmen Seite bei etwa 60° durch einen bodennahen Ostwind begrenzt, der allerdings nicht so konstant ist wie der Subtropenjet, da die orographischen Gegebenheiten und das wechselhafte Wetter der mittleren Breiten diesen Ostwind beeinträchtigen.

Warum konstantes Wetter Extreme hervorruft

Da das ganze Jahr über die beiden direkten Zirkulationssysteme im äquatorialen und im polaren Bereich arbeiten müssen, um den Energietransport zu bewerkstelligen, herrscht in all diesen Regionen ein konstantes Wettersystem.

Die **äquatoriale, warme Zirkulation** sorgt in ihrem aufsteigenden Ast in der Nähe des Äquators für ständige Wolkenbildung, im absinkenden Ast bei 30°N bzw. 30°S für ständige Wolkenauflösung. Entsprechend unterschiedlich ist das Wetter. Die Wolken am Äquator bringen viel Regen; verbunden mit den ständig hohen Temperaturen hat sich in dieser Region das **tropische Klima** entwickelt. Nördlich und südlich davon, wo sich in der sinkenden Luft die Wolken auflösen, wird es deshalb sehr wenig regnen. Dort ist das **subtropische Klima** entstanden.

Wie der tropische Regenwald entstand

Der ständige Energieüberschuss im äquatorialen Bereich wird einmal durch die **fühlbare Wärme** transportiert. Diese warme Luft sorgt für konstant hohe Temperaturen. Ob Januar oder Juli, die Temperaturen liegen tagsüber immer so zwischen 30 °C und 35 °C, nachts zwischen 23 °C und 28 °C.

Wie wir wissen, kann Luft umso mehr Wasserdampf transportieren, je wärmer sie ist. Dieser Transport **latenter Wärme** lässt riesige Wolkentürme entstehen, von deren Dimensionen wir uns in Mitteleuropa keine Vorstellung machen können. Selbst die heftigsten Sommergewitter bei uns sind Winzlinge gegenüber diesen tropischen Wolkenriesen. Während bei uns eine Gewitterwolke maximal 13 km hoch werden kann, reichen diese tropischen Gewitterwolken in 16 km Höhe und schießen häufig auch noch wesentlich höher bis 21 km.

Entsprechend intensiver sind auch die Regenmengen, die aus diesen Wolken fallen. In den Kernzonen der Kontinente, wie im Kongobecken in Afrika oder im Amazonasgebiet in Südamerika, fallen im Jahresdurchschnitt bis zu 10 m Regen. Das ist mehr als das Zehnfache dessen, was bei uns in Mitteleuropa fällt.

Tropischer Regenwald kann nur direkt am Äquator wegen der hohen Temperaturen und Niederschläge existieren.

Das ständige Absinken der Luft hat bei 30° Nord und Süd zwei Wüstengürtel entstehen lassen (im Foto die Namib-Wüste)

Wärme und tägliche Regengüsse haben ein natürliches Schlaraffenland entstehen lassen, den **tropischen Regenwald**. Er kann nur in diesem schmalen Streifen am Äquator existieren, wo Wärme und Feuchte ständiges Wachstum garantieren. Dort gibt es keine Jahreszeiten und keine Ruhepausen. Bei einer relativen Feuchte von 92–96% (wohlgemerkt bei 30°C !!), wachsen, blühen und sterben die Pflanzen in einem ununterbrochenen Kreislauf.

Man schätzt, dass im tropischen Regenwald rund 80 % aller Pflanzen- und 50 % aller Tierarten beheimatet sind. Dieses schier unerschöpfliche Reservoir an genetischer Vielfalt wird durch die Gier des Menschen mit atemberaubender Geschwindigkeit dezimiert. Nach Angaben der UNO wird der tropische Regenwald bis 2030 (!) verschwunden sein, wenn die Vernichtung in diesem Umfang weitergeht.

Wie Regenwald zur Wüste wird

Die Folgen sind noch nicht genau abzuschätzen, werden aber für die Region verheerend sein. Wenn Regenwald vernichtet wird, ist der Boden, der Jahrhunderte durch das Blätterdickicht geschützt war, nun plötzlich der unbarmherzigen Sonne ausgeliefert. Er trocknet aus und wird steinhart.

Da die Pflanzen im Regenwald die Nährstoffe nicht aus dem Boden, sondern aus dem Verwelken und Zersetzen der Blätter, Äste und Stämme aufnehmen, ist der Boden sehr arm an Nährstoffen. Das Anlegen von Plantagen laugt den Boden in kurzer Zeit aus und nach etwa 5 Jahren ist aus dem natürlichen Schlaraffenland Tropenwald eine Steppe geworden und nach weiterer 5 Jahren herrscht die Wüste!

Wie die Wüstengürtel entstanden

Wenn Sie mal im Atlas die Weltkarte aufschlagen, werden Sie sehen, wie der tropische Regenwald im Norden und Süden durch zwei Wüstengürtel begrenzt wird. Diese Wüsten reichen bis etwa 30 °N und 30 °S. Sie sind ebenfalls direkte Auswirkungen eines völlig konstanten Wettersystems auf Grund der direkten äquatorialen Zirkulation.

Die Luft, die am »polaren« Rand unseres Energie-Transportsystems zu Boden sinkt, erwärmt sich dabei, die Wolken lösen sich auf und die relative Feuchte sinkt. Dieses Sinken der Luft bedeutet hohen Druck am Boden, das **Subtropenhoch**. Kein Regen und immerwährender Sonnenschein haben die-

Temperaturrekorde

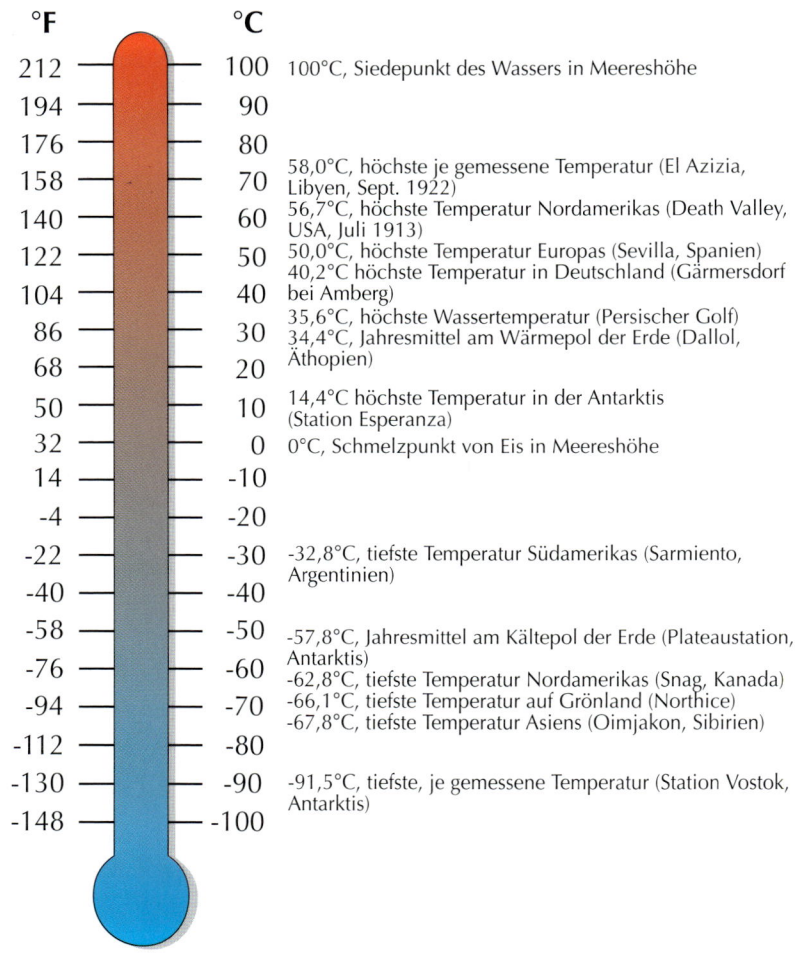

°F	°C	
212	100	100°C, Siedepunkt des Wassers in Meereshöhe
194	90	
176	80	
158	70	58,0°C, höchste je gemessene Temperatur (El Azizia, Libyen, Sept. 1922)
140	60	56,7°C, höchste Temperatur Nordamerikas (Death Valley, USA, Juli 1913)
122	50	50,0°C, höchste Temperatur Europas (Sevilla, Spanien)
		40,2°C höchste Temperatur in Deutschland (Gärmersdorf bei Amberg)
104	40	35,6°C, höchste Wassertemperatur (Persischer Golf)
86	30	34,4°C, Jahresmittel am Wärmepol der Erde (Dallol, Äthopien)
68	20	
50	10	14,4°C höchste Temperatur in der Antarktis (Station Esperanza)
32	0	0°C, Schmelzpunkt von Eis in Meereshöhe
14	-10	
-4	-20	
-22	-30	-32,8°C, tiefste Temperatur Südamerikas (Sarmiento, Argentinien)
-40	-40	
-58	-50	-57,8°C, Jahresmittel am Kältepol der Erde (Plateaustation, Antarktis)
-76	-60	-62,8°C, tiefste Temperatur Nordamerikas (Snag, Kanada)
-94	-70	-66,1°C, tiefste Temperatur auf Grönland (Northice)
		-67,8°C, tiefste Temperatur Asiens (Oimjakon, Sibirien)
-112	-80	
-130	-90	-91,5°C, tiefste, je gemessene Temperatur (Station Vostok, Antarktis)
-148	-100	

Wir leben in Mitteleuropa in der Zone des gemäßigten Klimas. Wie gut wir es haben, zeigt der Blick auf einige Temperaturen in anderen Teilen dieser Welt. Bei -30°C empfinden wir es bitterkalt. In Sibirien bekommen die Kinder erst ab -50°C schulfrei. Und wenn wir über Hitze stöhnen, freuen sich andere über die angenehmen Temperaturen.

se Wüsten entstehen lassen. Während bei uns in Mitteleuropa die Sonne im Jahr zwischen 1400 und 1900 Stunden scheint, brennt sie in der **Sahara** 4300 Stunden lang vom Himmel.

Übrigens: Nur der geringste Teil der Wüsten sieht so aus wie in Urlaubsprospekten. Die Sahara ist nur in Westafrika eine **Sandwüste**. Meistens sind es abweisende **Geröll-** und **Steinwüsten**. Und in der wahrscheinlich lebensfeindlichsten Wüste, der **Atacama-Wüste** im Norden Chiles, fiel nachweislich seit mehr als 400 Jahren kein Regentropfen! Bei uns würde das bedeuten, dass es seit dem 30-jährigen Krieg nicht mehr geregnet hätte.

Wo Walt Disney seine Tierfilme drehte

Vielleicht werden Sie jetzt denken, dass es so schlimm ja gar nicht sein kann, denn die Gegenden, wo Giraffen, Antilopen, Löwen und Elefanten heimisch sind, sehen doch in Filmen wunderbar aus. Das ist auch richtig, doch werden auch diese Regionen immer stärker strapaziert und von den Wüsten bedroht.

Diese **Savannen** sind die Übergangszone zwischen dem tropischen Regenwald und den beiden Wüstengürteln. Sie haben ihr Dasein der Tatsache zu verdanken, dass ja der Sonnenhöchststand im Laufe eines Jahres zwischen den beiden Wendekreisen wandert. Mit dem jeweiligen Sonnenhöchststand wandern auch die Regenwolken vom Äquator in unserem Sommer ein bisschen Richtung Norden, im Winter Richtung Süden.

Wenn die Regenzeit beginnt, verwandelt sich die verdörrte Steppe innerhalb weniger Tage in eine blühende Landschaft. Das Steppengras schießt explosionsartig bis zu 3 m hoch. Ausgetrocknete Flussläufe werden zu reißenden Strömen und an den gefüllten Seen versammeln sich die Tierherden.

Je weiter vom Äquator entfernt, umso kürzer ist die Regenzeit und entsprechend auch das Aufblühen der Natur. Den nördlichsten Teil, den die Regen-

wolken in Afrika erreichen, kennen Sie dem Namen nach: die **Sahelzone**. Nur nach dem Sonnenhöchststand zwischen Ende Juni und Anfang August kann es dort regnen.

Wenn es zu wenig oder gar nicht geregnet hat, müssen die Menschen bis Ende Juni des kommenden Jahres warten, bevor die Chance auf Regen besteht. Ob es dann regnen wird und – wenn ja – auch genügend, das ist die Frage!

Was zwischen 30° und 60° passiert

Wir müssen jetzt eine Lösung finden, wie zwischen 30° und 60° warme und kalte Luft ausgetauscht werden können. Ein drittes direktes Zirkulationssystem kommt dafür nicht in Frage. Bei 30° müsste die warme Luft aufsteigen und bei 60° zu Boden sinken. Doch findet dort ja gerade die umgekehrte Bewegung statt.

Wenn die Regenzeit einsetzt, ergrünt die ausgetrocknete Savanne innerhalb weniger Tage (auf dem Foto Schwarzfersenantilopen oder Impalas).

Jetzt kann uns die Tatsache helfen, dass warme Luft dünner ist als kalte. Eine bestimmte Masse Warmluft nimmt also einen größeren Raum ein als die gleiche Masse Kaltluft. Unser warmes Kreislaufsystem am Äquator wird also in wesentlich größere Höhe reichen, als der kalte polare Bruder. Und diese Unterschiede sind beträchtlich. Während die äquatoriale Zirkulation in 12 bis 16 km Höhe reicht, wird die kalte, polare Zirkulation schon in 6 bis 9 km Höhe begrenzt.

Der ständige Energieüberschuss am Äquator erwärmt die Luft dort immer mehr, sodass sie sich nach oben ausdehnt, denn durch die »Wände« des Zirkulationssystems kann sie nicht. Umgekehrt wird durch das Energiedefizit die polare Luft immer kälter und schrumpft. Dadurch wird die Hangneigung größer, die Luftteilchen »rollen« zunehmend schneller den Hang hinab und strömen dann entsprechend schneller parallel zum Hang.

Wie ein Stein den Abhang hinunter rollt, »rollen« auch die Luftteilchen – von der Schwerkraft angezogen – vom warmen äquatorialen »Berg« ins kalte polare »Tal«. Da nun aber ein Luftteilchen, das sich vom Äquator weg bewegt seine höhere Geschwindigkeit mitnimmt, wird es nach einiger Zeit nicht mehr weiter Richtung »Tal« rollen, sondern parallel zum Hang nach Osten (in der Abbildung rechts aus dem Bild heraus).

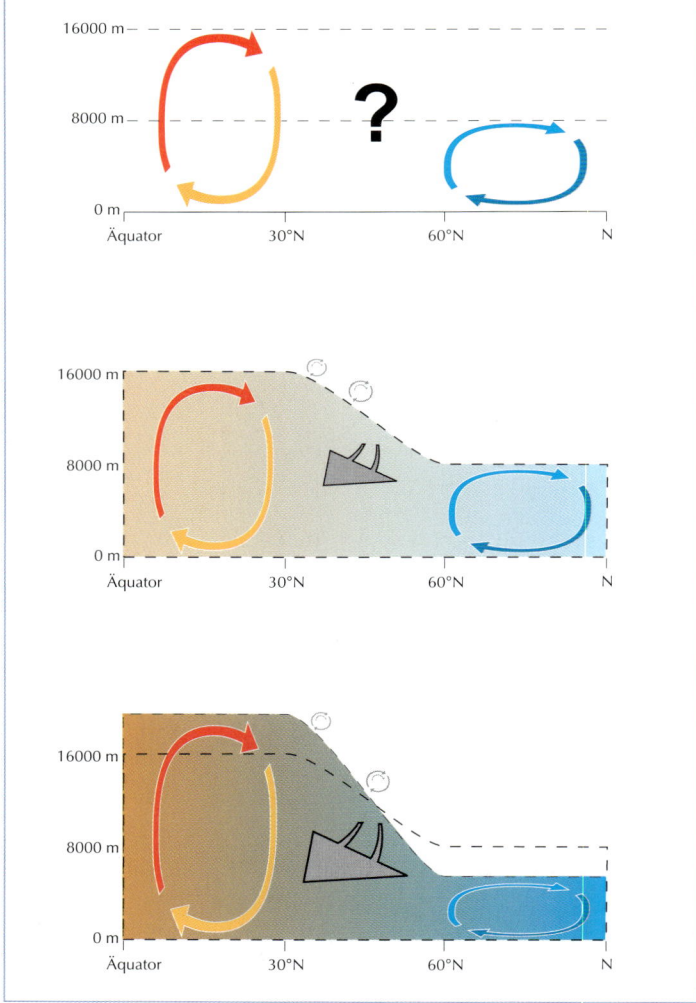

Das wechselhafte Wetter unserer Breiten verdanken wir der »Hangneigung« zwischen dem warmen Süden und dem kalten Norden (vgl. Text).

Die Höhenwetterkarte

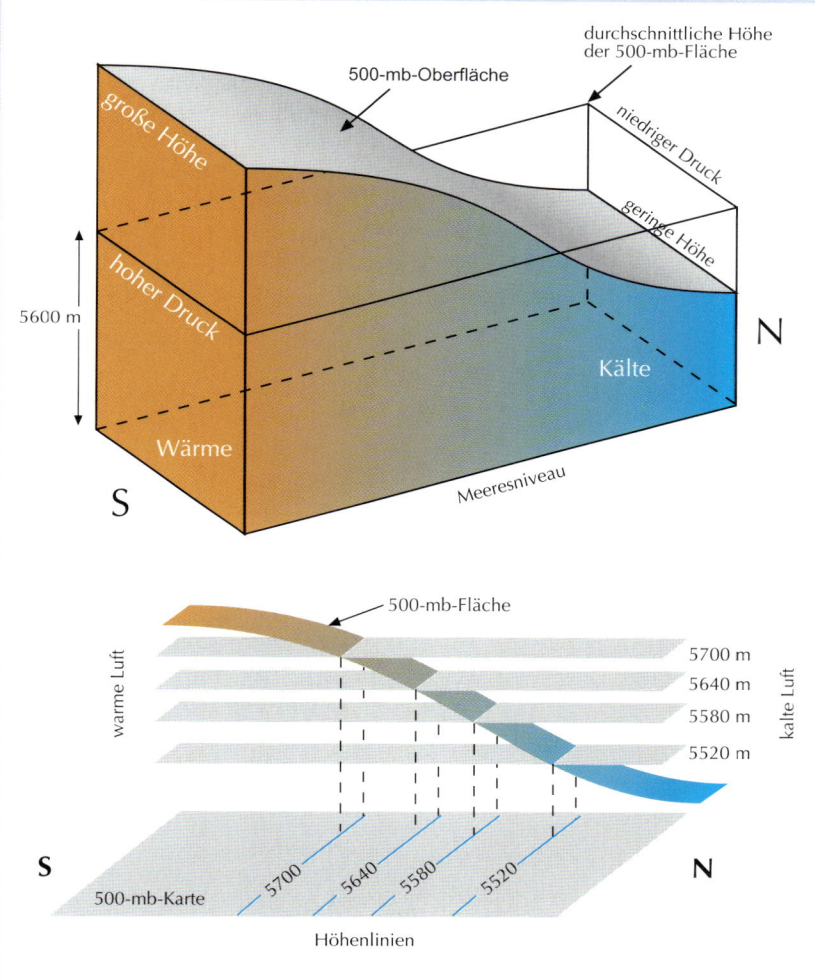

durchschnittliche Höhe der 500-mb-Fläche

500-mb-Oberfläche

große Höhe

niedriger Druck

geringe Höhe

hoher Druck

5600 m

Kälte

N

Wärme

Meeresniveau

S

500-mb-Fläche

warme Luft

5700 m

5640 m

5580 m

5520 m

kalte Luft

S

N

500-mb-Karte   5700   5640   5580   5520

Höhenlinien

Da in etwa 5600 m Höhe die Masse der Atmosphäre halbiert wird, ist diese Fläche wegen der Wetterdynamik (2-Schichten-Modell!) die wichtigste Höhenkarte für uns Meteorologen. In dieser so genannten 500-mb(hPa)-Karte bedeuten hohe Werte, dass es in der Schicht darunter warm ist. Die untere Grafik zeigt, wie durch Projektion auf die Grundfläche die Höhenlinien der Höhenwetterkarte entstehen.

Die »Anleihe« beim Fluss

Um das Folgende zu verstehen, betrachten wir von einer Brücke das Geschehen im Fluss. Zunächst fließt das Wasser träge dahin und umspült gleichmäßig die Brückenpfeiler.

Nach starken Regenfällen beginnt der Flusspegel zu steigen, die Strömung wird stärker. Und plötzlich entstehen hinter den Pfeilern kleine Wirbel, die mit der Strömung flussabwärts treiben und sich allmählich auflösen. Schaut man eine Weile zu, stellt man fest, dass diese Wirbel völlig unregelmäßig entstehen, auf ihrem Weg flussabwärts Schleifen vollführen, plötzlich beschleunigen, an Ort und Stelle rotieren, um genauso überraschend zu verschwinden, wie sie gekommen sind. Wissenschaftlich ausgedrückt: Die **laminare** Strömung hat sich in eine **turbulente** Strömung gewandelt.

Das turbulente Geschehen bei uns

Zum Glück verhält sich Luft ähnlich wie Wasser und damit haben wir die Lösung unseres Problems gefunden. Dazu betrachten wir die Erde von »oben«, d.h. wir schauen auf den Nordpol herab. Der Rand des Kreises stellt dann den Äquator dar.

Der Temperaturunterschied zwischen dem äquatorialen und dem polaren Zirkulationssystem sei gering, die Luft zwischen 30° und 60° strömt relativ langsam und gleichmäßig am »Hang« entlang von West nach Ost.

Im äquatorialen System wird die Luft immer wärmer, im polaren System kühlt sie ab. Die Hangneigung zwischen 30° und 60° wird größer, der Westwind stärker, der **polare Strahlstrom** (auch **Jetstream** genannt) entsteht und plötzlich zeigen sich Ausbuchtungen nach Norden und Süden, der Strahlstrom beginnt zu **mäandern**.

Erreichen die Ausbuchtungen das kalte System im Norden, zapfen sie dieses an und transportieren die Kaltluft nach Süden. Entsprechend wird die warme Luft nach Norden geschafft, wenn die Ausbuchtungen des Strahlstroms das warme System im Süden erreichen.

Dieser Transport bleibt so lange bestehen, bis der Temperaturgegensatz kleiner geworden ist. Damit wird die Hangneigung geringer und der Strahlstrom mäandert nicht so stark. Nun wird es im Süden wieder wärmer, im Norden kälter und das Spiel beginnt von neuem.

Warum das Wetter im Sommer ruhiger ist

Sie werden noch nie im Sommer ein Orkantief erlebt haben. Die heftigsten Stürme treten immer erst im Spätherbst und im Winter auf. Mit unserem Transportsystem können wir diese Frage beantworten.

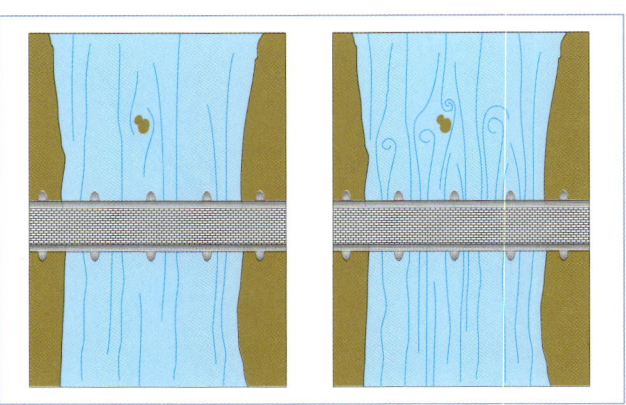

Tiefdruckwirbel beim Wetter entstehen wie Strudel im Wasser (links laminare Strömung, rechts turbulente; vgl. Text)

Im Bereich unseres äquatorialen Systems herrschen das ganze Jahr über hochsommerliche Temperaturen. Im Polargebiet dagegen gibt es zwischen der Polarnacht und dem Polartag riesige Unterschiede. Während im Sommer die Temperaturen bei etwas über 0 °C liegen, sinken sie in der langen Polarnacht auf -40 °C und mehr. Der Temperaturunterschied zwischen Süd und Nord wächst also von sommerlichen 30 °C auf winterliche 70 °C und mehr.

Damit ist im Winter die Hangneigung zwischen Süd und Nord immer größer als im Sommer, der Strahlstrom wesentlich stärker, die Strömung turbulenter und so muss das Wetter im Winter Schwerstarbeit verrichten, um die auf Hochtouren laufende polare Kaltluftproduktion wegzuschaffen.

Das Tief als notwendiges Übel

Tiefdruckwirbel, die das Wetter in unseren Breiten wechselhaft gestalten, sind direkt mit dem Strahlstrom gekoppelt. Wir wollen uns nun den Lebenslauf eines solchen Tiefs von der Geburt über Jugend, Wachstum, Reife und Alter bis zum Tod im Zeitraffer anschauen.

Wenn der Strahlstrom beginnt zu mäandern, entstehen so genannte **lange Wellen**. Im Süden wird die warme Luft angezapft, im Norden die kalte Luft. An der Grenze beginnt der Druck relativ zur Umgebung zu fallen: ein Tief entsteht. Man kann auf der Abbildung Seite 104 schon eine »**Rückseite**« des Tiefs erkennen. Im Wetterbericht heißt es dann: »Auf der Rückseite des Tiefs strömt kalte Luft polaren Ursprungs nach Mitteleuropa«. Der Vorderrand der Kaltluft am Boden wird als **Kaltfront** bezeichnet.

Auf der »**Vorderseite**« des Tiefs beginnt gleichzeitig die warme Luft nach Norden zu strömen. Der rückseitige Rand der Warmluft am Boden wird entsprechend als **Warmfront** definiert. Im Wetterbericht hört sich das so an: »Auf der Vorderseite des Tiefs strömt Warmluft subtropischen Ursprungs nach Mitteleuropa«. Das Gebiet warmer Luft auf der Südseite des Tiefs zwischen Kalt- und Warmfront heißt **Warmsektor**.

Bei gleichmäßig wehendem Strahlstrom (links) findet kein Energieaustausch statt. Die Temperaturunterschiede zwischen Nord und Süd nehmen zu, der Strahlstrom wird stärker. Schließlich beginnt er zu mäandern und leitet den Luftaustausch zwischen Nord und Süd ein (vgl. Text).

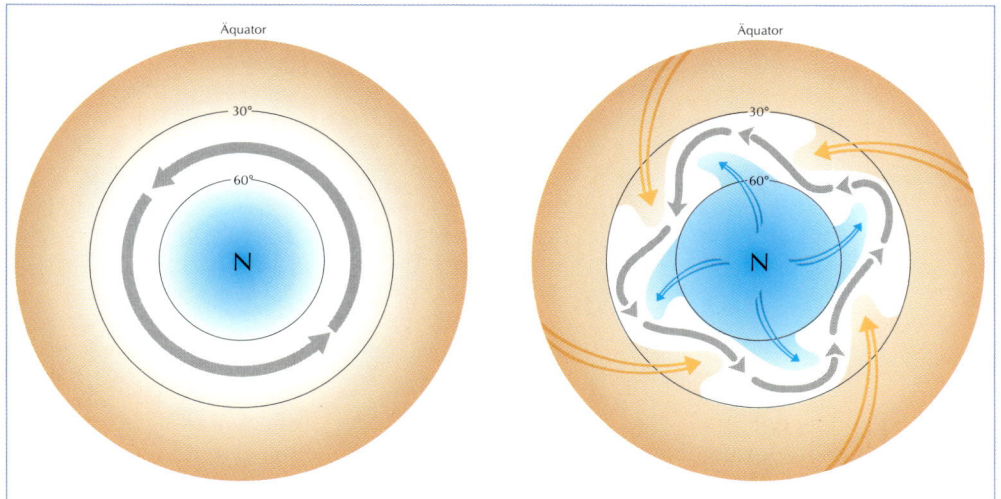

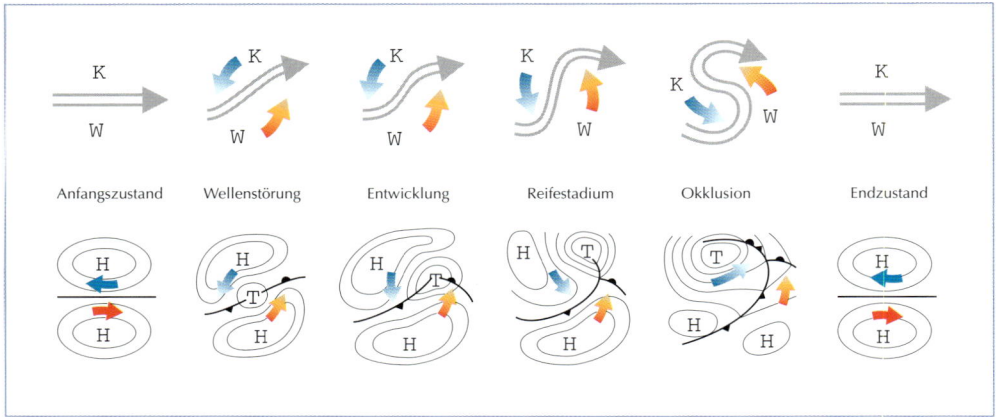

| Anfangszustand | Wellenstörung | Entwicklung | Reifestadium | Okklusion | Endzustand |

Tiefdruckwirbel und Strahlstrom führen ein gemeinsames Leben von der Geburt bis zum Tod.

Die Wellen in unserer Höhenströmung verstärken sich, d.h. die Amplituden werden größer. Dies ist notwendig, damit auch wirklich der Ausgleich zwischen kaltem Norden und warmem Süden erfolgen kann. Unser jugendliches Tief kommt in das Alter der Reife. Aus einem anfänglichen kleinen Gebiet mit Druckfall ist ein voll entwickelter Wirbel geworden. Die nach Süden vorstoßende schwere Kaltluft hat sich unter die leichtere Warmluft geschoben und diese angehoben. Der Mischungsprozess ist eingeleitet.

Damit ist die Aufgabe erfüllt; die Kaltluft ist auf der Südseite des Tiefs angekommen, die warme Luft auf der Nordseite. Nun beginnt der Alterungsprozess. Die Kaltfront beginnt, die Warmfront einzuholen, eine **Okklusion** entsteht. Die warme Luft wird vollständig vom Boden verdrängt. Kalte, schwere Luft liegt nun am Boden, die warme, leichte Luft darüber, damit hat der Schwerpunkt sein tiefstes Niveau erreicht, was bedeutet, dass sehr viel Energie von Süden nach Norden transportiert wurde.

Wegen des Schwunges der Drehbewegung rotiert die Luft noch eine Zeitlang, die Amplitude der Höhenströmung wird geringer und mit ihr auch die Hangneigung und schließlich fließt die Luft wieder von West nach Ost an unserem Hang entlang. Jetzt

wird es im Süden wieder wärmer, im Norden kälter, die Hangneigung größer und irgendwann geht das Spiel des Ausgleichs wieder los, das nächste Tief entsteht.

Das wechselhafte Wetterspiel

All das, was Sie bisher über das Entstehen des Wetters gelernt haben, können Sie jetzt vertiefen. Wir wollen uns nämlich gemeinsam anschauen, was so ein Tief, dessen Lebensweg wir gerade erlebt haben, an Wetter produziert, wenn es über uns hinwegzieht.

Im Wetterbericht heißt es: »Ein Tief bei den Britischen Inseln zieht bis morgen abend sehr schnell über Mitteleuropa hinweg ostwärts«. Das Tief soll also von links nach rechts »wandern«, was es wegen des Westwindes in der Höhe auch meistens tut. Für den Ablauf des Wettergeschehens müssen wir uns also gedanklich von rechts nach links über die Abbildung bewegen.

Das Herannahen des Tiefs kündigt sich zunächst in großer Höhe durch dünne weiße Wolken an, die

Cirren. Manchmal ziehen auch zunächst Flugzeuge immer längere **Kondensstreifen** hinter sich her. Wie ein Schleier überziehen sie allmählich den Himmel; ein **Cirrostratus** hat sich gebildet. Die Sonne ist noch zu sehen, bekommt jedoch einen diffusen Rand. Die Cirren zeigen an, dass die Warmluft in dieser Höhe – zwischen 6 km im Winter und 10 km im Sommer – schon angekommen ist. Da es in diesen Höhen zwischen -30 °C und -60 °C kalt ist, können sich wegen der geringen Feuchte nur kleine Eiskristalle bilden.

Schauen wir uns die Windrichtungen am Boden und in der Höhe an, können wir eine Regel ableiten, mit der wir das Herannahen der Warmluft vorhersagen können. Während der Wind am Boden aus Süden kommt, dreht er mit der Höhe auf Nordwest. Die Regel lautet also:
»**Weht am Boden Südwind und ziehen die Cirren aus Nordwesten, dann kommt von Westen eine Warmfront heran**«.

Haben wir auch noch ein Barometer zur Hand, dann können wir beobachten, wie der Druck zu fallen beginnt, da schwere, kalte Luft durch leichte, warme Luft ersetzt wird und außerdem durch das Aufgleiten der warmen Luft der Druck zusätzlich sinkt.

Der Wolkenschleier über uns wird dichter und durch den **Altostratus** ist die Sonne nur noch schemenhaft zu erkennen und bald gar nicht mehr zu sehen. Die Wolkendecke wird zunehmend grauer, die ersten **Fallstreifen** sind zu sehen und die Untergrenze des **Nimbostratus** kommt näher. Gleichzeitig wird der Südwind stärker, die Luft wärmer und der Druck fällt schneller.

Dann beginnt es zu regnen. Erst sind es nur ein paar Tropfen; sie werden größer und zahlreicher. Während der gleichmäßige Regen stärker wird, bläst der starke Südwind immer wärmere Luft heran, der Luftdruck fällt schnell und der Himmel ist mit einer grauen Wolkendecke überzogen. In dem Regen treibt der Südwind **Stratus**-Fetzen vorüber.

Dann wird es im Westen am Horizont heller. Der helle Streifen wird schnell größer, der Warmsektor kommt näher. Der Regen wird schwächer, der Druck fällt kaum noch und der Wind dreht von Süd

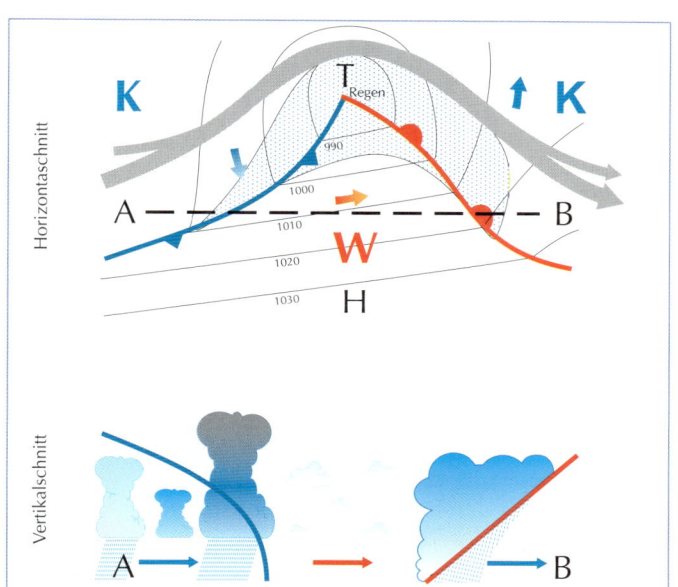

Ein Tief hat mehrere Gesichter. Auf der Vorderseite bringt Warmluft Landregen. Wenn die Kaltluft kommt, wird es schaurig. Der obere Teil der Abbildung zeigt die Aufsicht, darunter ein Querschnitt durch den Tiefdruckwirbel in Höhe der gestrichelten Linie.

Wenn die Kaltfront turbulent vorüberzieht, sieht der Himmel erst einmal chaotisch aus.

auf West. Wie von Zauberhand verschwinden die dunklen Wolken im Osten, **Stratocumulus** ziehen friedlich vorbei und das freundliche warme Wetter lässt noch nicht ahnen, was da aus Westen bald auf uns zukommen wird.

Nach einigen Stunden tauchen am westlichen Horizont Cirren und Cirrostratus auf. Noch nichts Böses ahnend registrieren wir, dass der Wind wieder stärker wird und auf Südwest zurückdreht. Ein Blick auf das Barometer macht deutlich, dass sich das Wetter

Typisches Wetter bei Durchzug einer Warmfront.

Wetterelement	vor der Front	mit Durchzug	nach der Front
Wind	Süd oder Südost	variabel	Südwest oder West
Temperatur	Kühl, langsam wärmer	ständig steigend	wärmer, dann gleich
Druck	fallend	gleich bleibend	leicht steigend
Wolken	In dieser Reihenfolge: Ci, Cs, As, Ns, St, eventuell auch Nebel	St, Nebel	20 %–40 % Sc
Niederschlag	leichter bis mäßiger Regen, Schnee, Niesel	Niesel	meist trocken, manchmal kurze Schauer
Sicht	gering	gering, besser werdend	gut aber diesig

Typisches Wetter bei Durchzug einer Kaltfront.

Wetterelement	vor der Front	bei Durchzug	nach der Front
Wind	Süd bis Südwest	böig	West bis Nordwest
Temperatur	warm	plötzlich kälter	kälter
Druck	fallend	plötzlich steigend	weiter steigend
Wolken	Ci, Cs, Cu con, Cb	Cu con, Cb	anfangs Cb, dann Cu
Niederschlag	trocken oder kurze Schauer in der Warmluft	kräftige Schauer mit Hagel, Blitz und Donner	abnehmende Schauer
Sicht	diesig, dann besser	gering, rapide besser	sehr gut, außer in Schauern

wieder ändern wird: Der Luftdruck beginnt erneut zu fallen. Drohend wachsen Wolkentürme am Horizont von **Cumulus congestus** bis zu **Cumulonimbus**.

Der Wind schläft ein, in den Wolken sind Blitze zu erkennen und leichtes Donnergrollen kündigt die Kaltfront an. Plötzlich fegt eine Windbö über uns hinweg und kurze Zeit später öffnen sich die Wolkenschleusen. Ein Regenschauer prasselt nieder, große Tropfen zerplatzen beim Aufprall am Boden, manchmal sind Hagelkörner dabei, von Blitz und Donner begleitet, der Wind wechselt ständig in Richtung und Stärke, um sich allmählich auf Nordwest einzupendeln. Es ist empfindlich kühl geworden.

Plötzlich sind die Regenschauer vorbei, tiefblauer Himmel zeigt sich zwischen den Wolken, die Sicht ist extrem gut, der Luftdruck steigt sehr schnell, doch der Nordwestwind bleibt böig und wird immer kälter.

Verblüfft registrieren wir, dass Wolkenfetzen in der Höhe aus Südwesten heranziehen, obwohl doch der Wind am Boden aus Nordwesten weht. Entsprechend der Warmfrontregel können wir jetzt die Regel aufstellen:
»**Weht der Wind am Boden aus Nordwest und ziehen die Wolken in der Höhe aus Südwest, dann kommt von Westen kalte Luft**«.

Der Druckanstieg kann uns nicht täuschen. Wir wissen, die nächsten dunkelgrauen Wolkentürme kommen bald. Da es dabei noch kälter wird, können sie im Sommer Hagel- und im Winter Graupelschauer bringen. Doch auch der **Höhentrog** mit der kältesten Luft ist bald vorbei. Das Tief hat sich endgültig nach Osten verabschiedet, der Druck steigt weiter und das **Zwischenhoch** mit tiefblauem Himmel lässt uns die klare aber kalte Luft genießen.

Das nächste Tief kommt bestimmt. Es ist ein notwendiges Übel und lediglich Teil unseres globalen Energie-Transportsystems. Es bringt uns zwar wechselhaftes, positiver ausgedrückt: abwechslungsreiches Wetter, doch da es selbst im kältesten Winter warme Luft aus Süden und selbst im heißesten Sommer kalte Luft aus Norden heranschafft, gleicht es die Gegensätze aus und deshalb hat es hier in unseren Breiten ein **gemäßigtes Klima** geschaffen. Und da die Tiefs auch immer wieder Regen-, im Winter auch Schneewolken mitbringen, gibt es bei uns in allen Jahreszeiten reichlich Niederschlag. Das ist außer in den Tropen nirgendwo auf der Erde der Fall. Wir leben hier in den mittleren Breiten in einer gesegneten Zone und nicht umsonst ist das die Heimat aller reichen Industrienationen! Sie sollten ein Tief unter diesen Gesichtspunkten betrachten; unfreundliches Wetter ist dann viel leichter zu ertragen!

WARUM SICH DAS
GLOBALE KLIMA ÄNDERT

Wenn Sie dieses Buch bis hierher gelesen haben, dann wissen Sie, dass Wetter lediglich das sichtbare und fühlbare Zeichen eines weltweiten Energie-Transportsystems ist.

Wenn dieses Wetter in einer bestimmten Region über längere Zeiträume wirkt, dann stellt sich dort ein **regionales Klima** ein, das Sie als tropisches und subtropisches Klima in den äquatorialen Gebieten kennen gelernt haben. Die Tätigkeit der Tiefdruckwirbel hat in unseren Breiten das gemäßigte Klima entstehen lassen. Und entsprechend dem warmen Zirkulationssystem hat sich im Bereich des kalten »Bruders« das polare und arktische bzw. antarktische Klima entwickelt.

Die Faktoren, die für die regionalen Unterschiede sorgen, sind im Wesentlichen:
▶ Intensität der Sonnenstrahlung und ihre Abhängigkeit von der geographischen Breite,
▶ Verteilung von Land und Wasser,
▶ Meeresströmungen,
▶ Vorherrschende Winde,
▶ Lage von Hoch- und Tiefdruckgebieten,
▶ Gebirgszüge,
▶ Höhenlage.

Etwas völlig anderes ist das **globale Klima**. Dieses globale Klima ist die Folge eines dynamischen Gleichgewichts zwischen der kurzwelligen solaren Einstrahlung und dem ständigen langwelligen Strahlungsverlust, das sich an der Obergrenze der Atmosphäre einstellt. Im Mittel kommt immer genauso viel Energie von der Sonne an wie das System Erde/Atmosphäre an Energie in den Weltraum verliert.

Welches globale Klima sich nun gerade einstellt, hängt davon ab, wie viel Energie in der Atmosphäre und am Erdboden für fühlbare und latente Wärme verbleibt. Und dieser Betrag hängt von mehreren Faktoren ab:
1. Die Sonnenenergie ist nicht konstant, sondern schwankt in kürzeren und längeren Perioden.
2. Die Bahn der Erde um die Sonne sowie die Neigung der Erdachse ändern sich in einem periodischen Rhythmus.
3. Vulkanausbrüche schirmen einen mehr oder weniger großen Betrag an Sonnenenergie ab.
4. Einige Gase in der Atmosphäre reduzieren in Abhängigkeit ihrer Konzentration die sofortige Abgabe der Energie in den Weltraum.
5. Durch die wechselnde Eisbedeckung der Erdoberfläche wird ein mehr oder weniger großer Teil der kurzwelligen Sonnenstrahlung sofort wieder in den Weltraum reflektiert.
6. In längeren Zeitperioden gerechnet kommt hinzu, dass sich die Kontinente gegeneinander verschieben.

Die periodischen und nichtperiodischen Änderungen all dieser Faktoren beeinflussen sich gegenseitig und haben im Laufe der Erdgeschichte zu einer ständigen Veränderung des globalen Klimas geführt. Und das wird auch in Zukunft der Fall sein.

Was Astronomie und Geologie mit dem globalen Klima zu tun haben

Die Faktoren, die unser globales Klima beeinflussen, lassen sich in zwei Klassen aufteilen. In der ersten Klasse sind jene Kräfte zu finden, die wie in einer Einbahnstraße wirken. Sie ändern das globale Klima, ohne dass dieses die Kräfte verändert.

Die wichtigste »Einbahnstraßen«-Kraft ist der **Betrag der Sonnenenergie**, der die Erde erreicht. Andere Kräfte, die ebenfalls nur in eine Richtung wirken, sind Zusammenstöße der Erde mit großen Objekten wie **Asteroiden,** geologische Faktoren wie die **Bewegung der Kontinente** oder die **Gebirgsbildung** und natürlich der **Vulkanismus**.

◁ Wie groß der Einfluss des Ausstoßes von CO_2 und anderen Treibhausgasen aus Industrie, Verkehr und Haushalt auf das globale Klima ist, vermag zur Zeit niemand genau zu sagen.

Die globale Erwärmung

Seit Beginn der Industrialisierung steigt der Gehalt klimawirksamer Spurengase in der Atmosphäre und damit auch die jährliche globale Mitteltemperatur. Von der beobachteten Erwärmung um 0,7–0,8°C werden etwa 50% auf menschliche Aktivitäten zurückgeführt.

In den »Top Ten« der wärmsten Jahre des 20. Jahrhunderts sind nur welche aus den letzten 17 Jahren vertreten. Die »Hitliste«: 1998, 1997, 1995, 1990, 1991, 1994, 1983, 1988, 1987, 1996.

Nach dem Ausbruch des Pinatubo zogen die in die Stratosphäre geschleuderten Partikel wie ein Schleier um die Erde, reduzierten die Sonneneinstrahlung, sodass die Jahre 1992 und 1993 nicht in der »Hitliste« auftauchen. Solche Vulkanausbrüche scheinen für die meisten Abkühlungen seit 1860 verantwortlich zu sein.

In Klimamodellen wird versucht, unter Berücksichtigung der komplexen Wechselwirkungen das Verhalten der Atmosphäre zu simulieren. Dabei werden solche Modelle 1870 gestartet. Je besser die Vergangenheit dargestellt wird, umso höher die Wahrscheinlichkeit des prognostizierten Verhaltens.

Wenn die Modelle recht behalten, wird es in den Tropen noch mehr regnen, als das ohnehin der Fall ist. Die Trockengebiete der Subtropen werden um einige hundert Kilometer nach Norden wandern in die dicht besiedelten und fruchtbaren Winterregenzonen um das Mittelmeer sowie in die Kornkammern der USA, Ukraine, Russlands und Chinas. Die Häufigkeit und das Ausmaß von Gewittern und Sturmfluten in den gemäßigten Zonen sowie Wirbelstürmen in den tropischen Meeren dürften zunehmen.

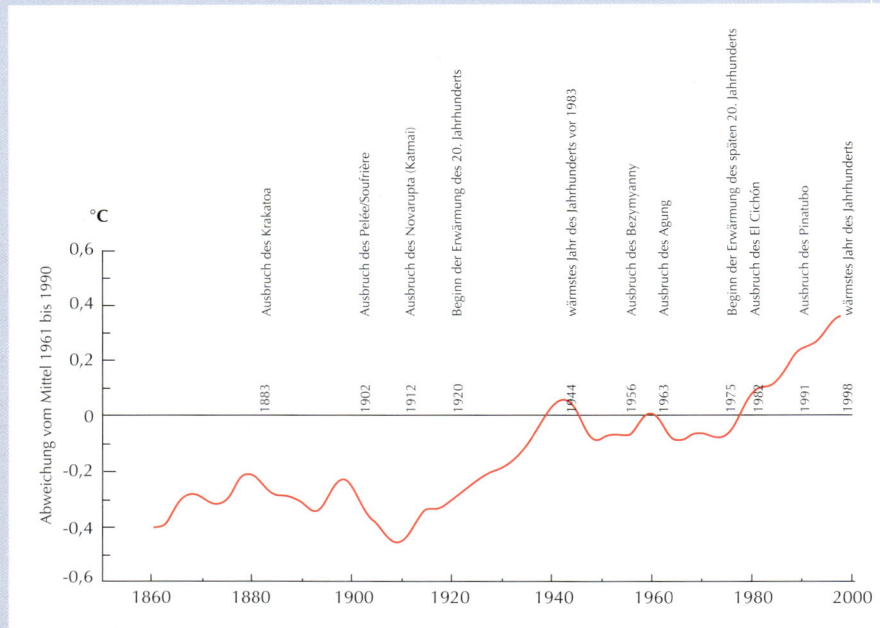

Wie die Sonne pulsiert

Früher nahm man an, dass unsere Hauptenergiequelle, die Sonne, sehr zuverlässig für einen konstanten Energiestrom sorgt. Deshalb definierte man die **Solarkonstante** als den Betrag der Sonnenenergie, der an der Obergrenze der Atmosphäre ankommt und das sind trotz der riesigen Entfernung zur Sonne immerhin noch rund **1370 Watt pro m²**. Dieser Wert schwankt wegen der unterschiedlichen Entfernung der Erde während ihres Laufes um die Sonne um 3 %.

Doch strahlt die Sonne bei weitem nicht so konstant. Dass sich auf der Sonne turbulente Ereignisse abspielen, wusste man schon lange. Seit 1610 liegen relativ zuverlässige Beobachtungen vor. Äußerliches Zeichen dieser solaren Aktivität sind die **Sonnenflecken**. Es handelt sich dabei um dunklere Bereiche der Photosphäre, die um etwa 1700 K kälter sind als die mittlere Temperatur der Sonnenoberfläche.

Die Aufzeichnungen der Sonnenflecken ergab ein periodisches Muster. Am bekanntesten ist der 11-jährige Zyklus der Sonnenflecken. Dem sind noch weitere Perioden überlagert, was zu großen Unterschieden zwischen maximaler und minimaler Anzahl von Sonnenflecken führt.

Der Vergleich mit neueren Erkenntnissen über das Klima der letzten Jahrhunderte zeigt signifikante Zusammenhänge. So fällt die extrem geringe Zahl an Sonnenflecken zwischen 1645 und 1715 mit dem Höhepunkt der kleinen Eiszeit (s. Seite 116) zusammen. Und auch die unterschiedliche Länge der 11-jährigen Zyklen zeigen eine hohe Korrelation zu globalen bzw. hemisphärischen Temperaturänderungen.

Wie sich die Erdbahn ändert

Ein serbischer Mathematiker, **Milutin Milankovitch**, hat um 1930 eine Theorie entwickelt, wie durch Änderungen des Laufs der Erde um die Sonne das globale Klima beeinflusst wird. Die Grundannahme dieser **Milankovitch-Theorie** ist, dass bei der Reise der Erde durch den Weltraum drei unterschiedliche zyklische Bewegungen zu periodischen Änderungen des Betrags der Sonnenenergie führen, der die Erde erreicht.

Der erste Zyklus hängt mit der Form (**Exzentrizität**) der Bahn der Erde um die Sonne zusammen. Diese schwankt zwischen einer Ellipse und fast einem Kreis. Dieser Zyklus von weniger zu mehr elliptischer Form und wieder zurück dauert ungefähr 100 000 Jahre. Je größer die Exzentrizität der Umlaufbahn, umso größer ist natürlich der Unterschied der ankommenden Sonnenstrahlung zwischen dem sonnenfernsten und -nächsten Punkt.

Zur Zeit ist die Exzentrizität gering, d.h. die Erdbahn ist fast kreisförmig (s. Abb. Seite 19). Das reicht aber aus, um im Juli, wenn die Sonne am nächsten steht, 7% mehr Sonnenenergie zu erhalten als im Januar. Bei hoher Exzentrizität beträgt der Unterschied rund 20% (!) und auch die Längen der Jahreszeiten ändern sich.

Der zweite Zyklus berücksichtigt die Tatsache, dass die Erde bei der Rotation um ihre Achse wie ein taumelnder Kreisel schwankt. Dieses Taumeln (**Präzession**) der Erdachse geschieht in einem Zyklus von etwa 23 000 Jahren. In etwa 11 000 Jahren wird dann die Erde der Sonne im Juli am nächsten sein, wenn auf der Nordhalbkugel Sommer ist. Wegen der größeren Landmasse werden dort die Unterschiede zwischen Sommer und Winter zunehmen.

Der dritte Zyklus dauert etwa 41 000 Jahre und bezieht sich auf die Änderung des **Neigungswinkels** der Erdachse gegenüber der Erdbahn um die Sonne. Zur Zeit ist diese Achse um $23\frac{1}{2}°$ geneigt, schwankt aber zwischen 22° und $24\frac{1}{2}°$. Je kleiner der Winkel, umso geringer die jahreszeitlichen Schwankungen in mittleren und höheren Breiten.

Während der wärmeren Winter wird in den polaren Gebieten mehr Schnee fallen und während der kühleren Sommer wird weniger Eis schmelzen, d.h.

ein kleinerer Neigungswinkel führt tendenziell zu mehr Gletschern in höheren Breiten.

Untersuchungen von Sedimenten in den Ozeanen und von Eisbohrkernen haben eine sehr gute Übereinstimmung zwischen der Ausbreitung des Eises und der Milankovitch-Theorie ergeben. Doch Änderungen der Umlaufbahn alleine können das Vordringen und Verschwinden des Eises nicht vollständig erklären.

Wie die Kontinente driften

In der geologischen Vergangenheit hat sich die Erdoberfläche sehr verändert. Ein wesentlicher Prozess war und ist immer noch die Verschiebung der Kontinente. Diese Bewegung wird durch die weitgehend akzeptierte **Theorie der Plattentektonik** erklärt, die früher als **Kontinentaldrift-Theorie** bezeichnet wurde. Die Theorie geht davon aus, dass sich die Kontinente auf riesigen Platten befinden,

Das gewagte globale Experiment

Wir spielen ein Klimaspiel, dessen Regeln wir noch nicht exakt kennen. Deshalb wissen wir auch nicht genau, wie dieses Spiel ausgehen wird. Doch sicher ist, dass wir dieses gewagte Spiel nicht gewinnen können!

Die Unsicherheiten betreffen nicht nur die zukünftige Entwicklung des globalen Klimas. Wir wissen zwar inzwischen recht genau, wie sich das Klima während der letzten tausend Jahre verhalten hat, aber die Klimaforscher kommen trotzdem zu leicht abweichenden Ergebnis-

sen (verschiedenfarbige Kurven in der Grafik). In den wesentlichen Punkten aber stimmen sie überein.

Obwohl es während der **kleinen Eiszeit** nach 1600 nur wenige Zehntelgrad kälter wurde, wuchs die Anzahl der Jahre, in denen in Mitteleuropa nicht genügend Obst, Getreide und Gemüse reif wurden. Die Folgen waren Hungersnöte und daraus resultierend soziale Spannungen. Nicht rein zufällig fällt der 30-jährige Krieg in diese Zeit!

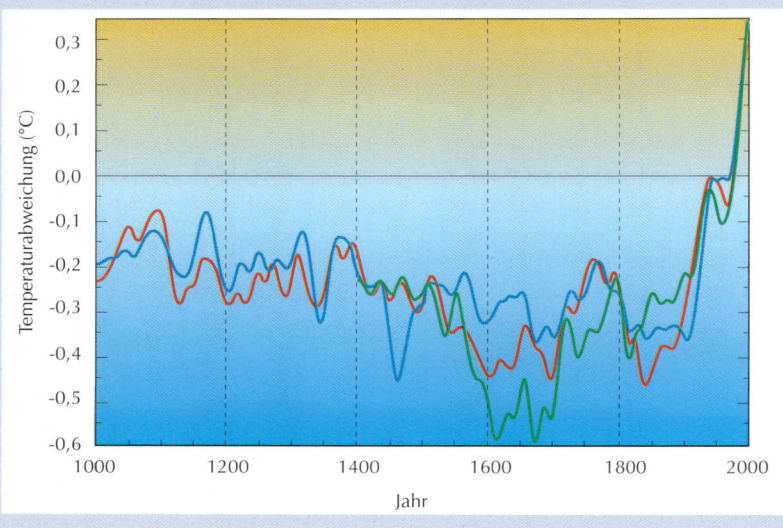

die auf geschmolzenem Untergrund schwimmen und sich dabei gegeneinander bewegen. Die Geschwindigkeit ist allerdings sehr gering und beträgt nur wenige Zentimeter im Jahr.

Doch über die Jahrmillionen hinweg führte das dazu, dass die Kontinente früher ganz anders lagen als heute. So befanden sich Afrika, Südamerika und Australien weiter im Süden in direkter Nachbarschaft zum antarktischen Kontinent. Und auf der Nordhalbkugel hingen Nordamerika und der euroasiatische Kontinent zusammen.

Durch die völlig andere Lage der Kontinente ergab sich natürlich auch eine gänzlich andere Zirkulation in den Ozeanen. Dadurch änderte sich der Transport von Wärme von den niederen zu den höheren Breiten und das wiederum änderte sowohl die Windverhältnisse als auch das Klima in den mittleren und höheren Breiten.

Wenn Vulkane Feuer und Asche spucken

Die Bewegung der Kontinente hat aber auch noch durch einen anderen Prozess Wetter und Klima in der Vergangenheit beeinflusst. Durch unterschiedliche Drücke, die bei der Bewegung der tektonischen Platten entstanden, wurde dichtes, geschmolzenes Material aus dem Erdinnern an die Oberfläche gepresst, was zu riesigen Vulkanausbrüchen führte. Neben der geschmolzenen Materie wurden Wasserdampf, Kohlendioxid und andere Gase in die Atmosphäre geschleudert. Wie wir später noch sehen werden, verstärken diese Gase den so genannten Treibhauseffekt, was zu einer Erhöhung der globalen Temperatur führte. Die zu kleinen Staubpartikeln wieder kondensierte Materie schirmt dagegen die ankommende Sonnenstrahlung ab und lässt die globale Temperatur sinken.

Aber auch in jüngerer Vergangenheit haben Vulkanausbrüche das globale Klima beeinflusst. Am 9. Juni 1991 schleuderte der **Pinatubo** auf den Philippinen in einer gewaltigen Eruption rund 22 Millionen Ton-

1816 – das Jahr ohne Sommer

Zwischen 1810 und 1815 stieg die Vulkanaktivität weltweit an und erreichte im April 1815 mit der Explosion des Vulkans **Tambora** im heutigen Indonesien ihren Höhepunkt. Dabei wurden über 50 km³ Gestein in die Atmosphäre geschleudert; 10 000 Menschen starben sofort. Staub und Gase wurden rund um den Globus getrieben und sorgten ein Jahr lang für spektakuläre Sonnenuntergänge.

Offensichtlich folgte im Jahr darauf eine ungewöhnlich stabile Strömung, die in Westeuropa und auch in weiten Teilen Nordamerikas wegen eines sehr kalten Sommers zu verheerenden Hungersnöten führte. Schneestürme im Juni und Frost noch im Juli und August. An den wärmeren Tagen wurde neu gesät, doch die nächsten Kaltlufteinbrüche vernichteten das Getreide erneut. Und so ging 1816 als »das Jahr ohne Sommer« in die Geschichte ein.

Da es zu dieser Zeit nur wenig Wetterbeobachtungen gab, lässt sich natürlich kein eindeutiger Zusammenhang zwischen Vulkanausbruch und dem kalten Sommer herstellen.

nen Schwefeldioxid 30 km hoch in die Atmosphäre. Am 15. Und 16. Juni folgten weitere Ausbrüche. Das Schwefeldioxid mischte sich mit dem wenigen Wasser in der Stratosphäre zu kleinen Schwefelsäure-Tröpfchen. Die bildeten einen dünnen Schleier, der durch die stratosphärischen Winde rund um den Globus getrieben wurde.

Satellitenmessungen ergaben, dass im darauf folgenden Jahr insgesamt rund 4,7 % mehr Sonnenenergie als normal wieder in den Weltraum reflektiert wurde. Schon Ende 1991 begann sich die untere Atmosphäre abzukühlen, sodass die globale Mitteltemperatur 1992 um etwa 0,5 °C niedriger lag als in den Jahren zuvor. Und erst Ende 1993 war mit dem Verschwinden des Säureschleiers die Abküh-

El-Niño – das jetzt berechenbare Kind

Der Durchbruch zum Verständnis des **El-Niño-Phänomens** kam 1998, als die Wetterereignisse sehr exakt über Monate im Voraus richtig prognostiziert wurden. Da der Höhepunkt dieser Entwicklung meist um die Weihnachtszeit auftritt, wird das Phänomen im Spanischen »el niño« (das [Christ-]Kind) genannt.

Dieses Phänomen zeigt deutlich das Zusammenwirken der Transportsysteme Luft und Wasser.

Nordost- und Südostpassat treiben warmes Wasser mit 28–30°C über den Pazifik nach Westen. Vor der peruanischen Küste strömt kaltes Wasser aus der Tiefe nach. Im indonesischen Raum liegt der Wasserspiegel bis zu 60 cm höher.

Da mit dem Wasser auch sehr viel Energie transportiert wird, schwächen sich die Passatwinde ab. Damit wird die riesige Wassermasse, die mit dem höheren Meeresspiegel verbunden ist, nicht mehr gehalten und schwappt wie die Welle in der Badewanne erst langsam und dann immer schneller nach Osten.

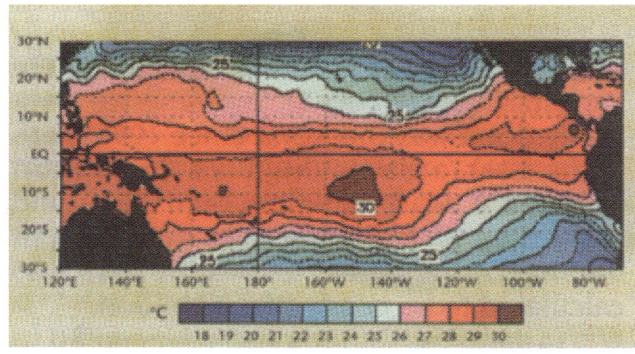

Innerhalb weniger Wochen wird das Wasser vor Peru 6 – 9°C wärmer. Das warme Wasser verdunstet, riesige Wolken entstehen, werden gegen die Anden gedrückt, entladen sich in sintflutartigem Regen, der Schlammlawinen zu Tal stürzen lässt.

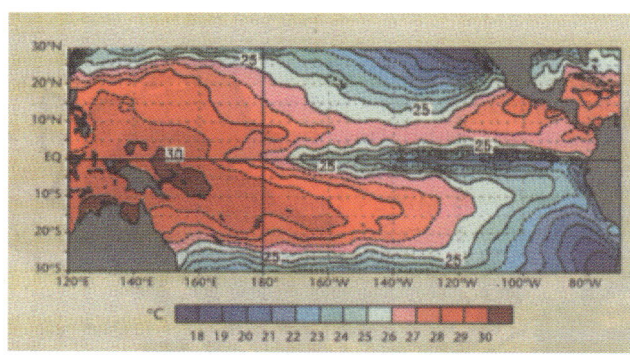

Die Passatwinde werden stärker und ganz allmählich wird das warme Wasser wieder nach Westen getrieben. Das Spiel beginnt von Neuem und heißt dann **La Niña.**

Bild oben: El Niño (Januar 1998).

Bild unten: La Niña (Dezember 1998).

lungsphase vorüber. Wahrscheinlich wäre die Abkühlung noch stärker gewesen, wenn nicht 1990 eine starke El-Niño-Zirkulation eingesetzt hätte, die bis zum Frühjahr 1995 anhielt.

Von Wechselwirkungen und Rückkopplungen

Warum sich das globale Klima in der Vergangenheit so geändert hat, wie wir inzwischen wissen, kann in allen Einzelheiten noch nicht exakt erklärt werden. Ein wesentlicher Grund ist die Tatsache, dass wir es mit einem sehr komplexen System zu tun haben, in dem die beteiligten Faktoren nicht nur in eine Richtung wie bei der Einbahnstraße wirken, sondern selber wieder beeinflusst werden.

Nehmen wir an, die Erde erwärmt sich langsam. Aus den Ozeanen verdunstet dann mehr Wasser und der zunehmende Wasserdampf in der Atmosphäre absorbiert mehr Wärmestrahlung, die von der Erdoberfläche abgegeben wird. Die Folge ist, dass die Lufttemperatur noch mehr steigt und damit noch mehr Wasser verdunstet. Diesen Effekt kennen Sie, wenn es bei schwülem Sommerwetter nachts nicht abkühlt. Diese Verstärkung eines einmal begonnenen Prozesses wird **positive Rückkopplung** genannt oder – wie es Neudeutsch heißt – »**positives feedback**«.

Aber so einfach ist es nicht und das ist gut so, denn dann würde ja irgendwann das gesamte Ozeanwasser verdunstet sein und wir im wahrsten Sinne des Wortes auf dem Trockenen sitzen. Einen »Bremsmechanismus« haben wir schon kennen gelernt und der wird durch das Stefan-Boltzmann-Gesetz (s. Seite 25) beschrieben. Die IR-Energie, die in den Weltraum entweicht, nimmt nämlich mit der 4. Potenz der absoluten Temperatur zu. Und da das globale Klima ein sehr sensibles Gleichgewicht zwischen ankommender und ausgehender Energie ist, würde sich automatisch irgendwann ein neues Gleichgewicht einstellen.

Den zweiten Prozess, der einer ständigen Erwärmung entgegensteht, kennen Sie ebenfalls. Wenn nämlich mehr Wasserdampf in der Atmosphäre vorhanden ist, können auch mehr Wolken entstehen. Der Effekt ist direkt spürbar, wenn im Sommer der Tag wolkenlos beginnt, die Sonne die Luft sehr schnell erwärmt und auf der Haut brennt und dann plötzlich Wolken entstehen und kühlenden Schatten spenden. Diese Dämpfung eines einmal begonnenen Prozesses wird **negative Rückkopplung** genannt.

Doch nun werde ich Sie total verwirren und Ihnen erklären, dass Wolken auch eine verstärkende Wechselwirkung verursachen können. Bei den dicken Wolken, die für Kühle sorgen, handelt es sich um Wasserwolken. Sie reflektieren an ihrer Obergrenze einen Teil der einfallenden Sonnenenergie zurück in den Weltraum und damit wird das Energieangebot an der Erdoberfläche reduziert.

Die hohen Schleierwolken bestehen dagegen aus Eiskristallen. Und die lassen die Sonnenstrahlung fast ungehindert durch, was Sie daran erkennen können, dass die Luft im Laufe des Tages trotz Cirren immer wärmer wird. Aber diese Eiskristalle reagieren auf die zunehmend vom wärmer werdenden Erdboden abgegebene IR-Strahlung und reflektieren sie zur Erdoberfläche zurück, sorgen also für eine positive Rückkopplung. Die Frage für die Wissenschaftler ist nun, wie sich eine Bewölkungszunahme bei steigenden Temperaturen verteilt. Entstehen mehr Wasser- oder mehr Eiswolken? Dies ist nur einer der sehr komplexen Vorgänge in dem riesigen Klima-Puzzle.

Wie die Ozeane wirken

Im 11. Jahrhundert war es auf der nördlichen Hemisphäre relativ warm und trocken. Während dieser Zeit, die als **mittelalterliches Klimaoptimum** bezeichnet wird, haben die Wikinger Island und Grönland (»Greenland« = grünes Land) besiedelt. Doch schon rund 100 Jahre später änderte sich das Klima dramatisch. Es wurde stürmisch und extrem kalte Winter wechselten sich mit milden ab. Die Wikinger-Siedlungen verschwanden und in Europa gab es häufig Hungersnöte. Um 1550 wurde es noch kälter und erst im 18. Jahrhundert ging diese Kälteperiode dann allerdings sehr schnell zu Ende, die als **kleine Eiszeit** bekannt ist.

Wie kann es in so kurzer Zeit zu diesen für die Menschen dramatischen Temperaturänderungen kommen? Es scheint so, als ob eine riesige Zirkulation des Ozeanwassers, bekannt als »**conveyor band**« (= **Förderband**) eine bedeutende Rolle in unserem Klimapuzzle spielt.

Dabei ist die Dichte des Ozeanwassers entscheidend. Die kann sich einmal mit der Temperatur ändern, aber auch mit Änderung des Salzgehaltes. Im Nordatlantik treibt der warme Teil des Förderbandes (der **Golfstrom**) riesige Energiemengen bis vor die norwegische Küste. Durch Wärmeabgabe an die Atmosphäre kühlt das Wasser allmählich ab und zusätzlich steigt durch Verdunstung des warmen Wassers der Salzgehalt. Das Wasser wird dichter und schwerer, sinkt in die Tiefen des Atlantiks und strömt dort nach Süden und um Südafrika herum in den Indischen und Pazifischen Ozean, wo es wieder aufsteigt, an der Oberfläche aufgeheizt wird, um dann erneut in den Atlantik transportiert zu werden.

Ozeane – die Energiespeicher

Wenn der Urlaub bevorsteht und als Ziel eines der tropischen und subtropischen Paradiese wartet, dann freut man sich auf das herrlich warme Wasser.

In unserem globalen Wettergeschehen aber haben die warmen Ozeane ganz nüchterne Funktionen. Zwischen 30°N und 30°S stellen sie riesige Energiespeicher dar. Von dort wird über die Meeresströmungen der Rest der Welt mit Energie versorgt.

Im Zusammenspiel mit den Luftströmungen bauen sie den permanent vorhandenen Energieüberschuss ab und gleichen so das Defizit in höheren Breiten aus.

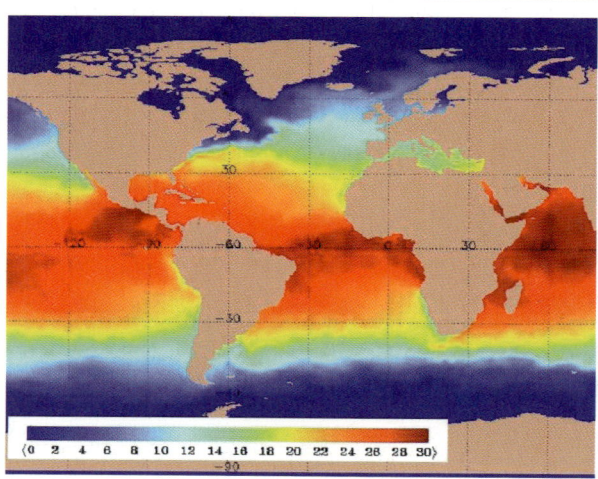

Dabei sind die Meeresströmungen grundsätzlich so orientiert, dass an den Ostküsten der Kontinente das warme Wasser Richtung Pol fließt und an den Westküsten das kalte Wasser zu den tropischen Meeren zurückströmt.

Während so das Wasser um die Kanarischen Inseln immer nur zwischen 21 und 23°C warm ist, können Sie auf gleicher geographischer Breite auf den Bahamas bei 24 – 26°C im Wasser plantschen.

Und dieses Förderband scheint mit unterschiedlicher Geschwindigkeit zu laufen, was zu sehr schnellen Klimaänderungen führt. Wenn das Förderband auf vollen Touren läuft, verdunstet im Nordatlantik viel warmes Wasser und die Winter bei uns in Europa haben die Tendenz, relativ mild und feucht zu sein. Läuft das Förderband jedoch langsamer oder hält sogar an, scheinen die Winter kälter zu werden.

Dieser Wechsel der Transportgeschwindigkeit hängt offensichtlich mit dem Zustrom frischen salzfreien Wassers aus dem kanadischen Norden zusammen. Dieser Zustrom reduziert den Salzgehalt, damit die Dichte und das leichtere Oberflächenwasser hört auf, in die Tiefe zu sinken. Das Förderband kommt zum Stillstand, die Energiezufuhr über den Golfstrom wird geringer, die Atmosphäre über dem Nordatlantik kühlt ab und kältere Winter bei uns sind die Folge. Wenn die Frischwasserzufuhr aufhört, wird das Förderband wieder in Gang gesetzt und die Winter werden wieder milder.

Aber auch eine Zunahme der Niederschläge über dem Nordatlantik kann den Salzgehalt des Ozeanwassers reduzieren. Einige Klimamodelle prognostizieren eine solche negative Rückkopplung bei steigender CO_2-Konzentration in der Atmosphäre. Durch die Treibhauswirkung des CO_2 wird die Atmosphäre wärmer, kann mehr Wasserdampf aufnehmen und daraus resultierend kann auch mehr Niederschlag fallen. Bei einer Verdopplung des CO_2-Gehaltes wird eine Schwächung des Förderbandes um etwa 30 % vorhergesagt.

Die Ozeane sind aber auch riesige CO_2-Speicher. Alle Korallenriffe und sonstigen Kalkablagerungen im Meer sind aus CO_2 entstanden, das ursprünglich in der Atmosphäre war. Dafür sorgen mikroskopisch kleine Pflanzen, das **Phytoplankton** (griech. »plankton« = »das Schwebende«), die bei der Photosynthese CO_2 aus der Luft aufnehmen und beim Absterben am Meeresgrund speichern. Und auch bei diesem Prozess ist noch nicht ganz klar, ob bei Zunahme der CO_2-Konzentration eine positive oder negative Rückkopplung stattfindet. Einerseits kann

eine Erwärmung das Planktonwachstum fördern, was zu einer Verminderung des CO_2 in der Luft führen würde. Andererseits kann wärmeres Wasser weniger CO_2 aufnehmen.

Das gleiche Problem stellt sich übrigens auch bei Landpflanzen. Die bilden ja bei der Photosynthese aus dem energiearmen CO_2 mit Hilfe von Wasser und Sonnenlicht energiereiche Kohlenhydrate zum Leben. Und so wurde die Energie des Sonnenlichtes über Jahrmillionen gespeichert und dient uns heute als Energiequelle beim Verbrennen von Kohle, Erdöl, Erdgas oder Holz. Eine Zunahme des CO_2 fördert also das Pflanzenwachstum, wodurch mehr CO_2 verbraucht wird. Dadurch können aber auch die Populationen von Insekten zunehmen, die mehr fressen und damit wieder das Pflanzenwachstum reduzieren.

Wie der Treibhauseffekt funktioniert

Der Begriff »Treibhauseffekt« hat in den letzten Jahren einen negativen Beigeschmack bekommen, da im Zusammenhang mit der Diskussion um mögliche Folgen in den Medien häufig von der Klimakatastrophe die Rede ist. Es gibt keine Klimakatastrophe! Allerdings können Klimaveränderungen – wie wir ja in den Abschnitten zuvor gesehen haben – ohne weiteres zu katastrophalen Auswirkungen für die Menschheit führen.

Doch zunächst zur positiven Seite des Treibhauseffekts. Dass wir überhaupt auf unserem Globus leben können, verdanken wir dem **natürlichen Treibhauseffekt**. Wie Sie aus Kapitel 3 wissen, wird die globale Mitteltemperatur bestimmt durch das Gleichgewicht zwischen Energiezufuhr von der Sonne und Energieverlust in den Weltraum. Wasserdampf und CO_2 sorgten seit dem Entstehen einer Atmosphäre vor etwa 4 Milliarden Jahren durch die Absorption von IR-Strahlung dafür, dass nicht die gesamte Energie von der Erdoberfläche gleich wieder in den Weltraum verschwand, sondern die Luft allmählich

Wirbelstürme – die größten Kraftmaschinen der Welt

Mit dem Wort »Wirbelsturm« sollen nur die riesigen Wirbel über den tropischen Ozeanen bezeichnet werden. In der Karibik werden sie **»Hurricane«** genannt, im Pazifik **»Taifun«**, bei den Philippinen **»Baguio«** und im Indischen Ozean und in Australien **»Zyklon«**.

Wirbelstürme sind riesige Wolkenwirbel mit einem Durchmesser von etwa 550 km, einem tiefsten Druck von etwa 965 mb, einem gleichmäßigen Wind von mindestens 120 km/h und einem 20–50 km breiten meist wolkenfreien **Auge** im Zentrum der Wolkenspirale (Foto unten). Das Auge wird von dem so genannten **»eye wall«** begrenzt, einem Ring mit den heftigsten Gewittern, stärksten Regenfällen zwischen 50 und 200 cm pro Tag und höchsten Windgeschwindigkeiten zwischen 200 und 400 km/h. Es ist immer wieder faszinierend, wie die Natur diese »schönen Bestien« entstehen lässt!

Was bei diesem faszinierenden Schauspiel an Energie umgesetzt wird, soll ein Beispiel verdeutlichen: Nehmen wir an, dass dieser Ring mit den heftigsten Gewittern 40 km breit sei und dort im Durchschnitt pro Tag 1000 Liter auf jeden Quadratmeter fallen. Dann wird allein durch die latente Wärme jeden Tag eine Energiemenge von etwa 10^{12} kWh frei! Rechnet man noch hinzu, dass es mehrere Ringe mit Regenwolken gibt und dass ja noch viel Energie in den kondensierten Wolkentröpfchen steckt, dann kann man davon ausgehen, dass in einem normalen Wirbelsturm jeden Tag zwischen 6 x 10^{12} und 18 x 10^{12} kWh an latenter Wärme frei werden. Das entspricht dem 0,5–1,5fachen des weltweiten Jahresbedarfs an elektrischer Energie!

Voraussetzungen sind mindestens 27° C warmes Wasser, um durch Verdunstung den nötigen »Treibstoff« zu liefern, der Coriolis-Effekt, weshalb direkt am Äquator keine Wirbelstürme entstehen können, und eine Initialzündung, um große konvektive Systeme in Form von Cumulonimben entstehen zu lassen. Wenn dann großräumige Strömungsverhältnisse dafür sorgen, die anfangs verstreut herumstehenden Wolkentürme zu organisieren, dann kann ein Wirbelsturm geboren werden.

Obwohl die hohen Windgeschwindigkeiten große Zerstörung verursachen können, wie das bei **Andrew** im Juli 1992 in Südflorida der Fall war, werden die meisten Schäden durch Überflutung, hohe See und riesige Wellen (10 bis 15 m hoch) hervorgerufen.

erwärmte. Und so konnte sich auf unserem Globus erst das Leben, so wir wie es kennen, entwickeln.

Unstrittig ist, dass wir Menschen durch unsere Aktivitäten für eine zusätzlichen Treibhauseffekt sorgen. Dieser wird deshalb **anthropogener Treibhauseffekt** genannt. Seit Beginn der Industrialisierung entlassen wir in zunehmendem Maße Treibhausgase in die Atmosphäre. Neben dem CO_2 sind dies **Methan** (CH_4), **Distickstoffoxid** (N_2O) und **Fluorchlorkohlenwasserstoffe** (FCKW). Obwohl diese Gase in wesentlich geringeren Mengen als das CO_2 in der Atmosphäre vorhanden sind, ist ihre Treibhauswirkung enorm. FCKWs besitzen z.B. eine 7000 – 14 000-fach höhere Wirkung als CO_2. Man geht davon aus, dass diese zusätzlichen Gase in ihrer Wirkung zur Zeit den gleichen Effekt bewirken wie das CO_2.

Da zu erwarten ist, dass durch die Bevölkerungsentwicklung und die damit verbundene Zunahme wirtschaftlicher Aktivitäten der Ausstoß an Treibhausgasen in diesem Jahrhundert weiter steigen wird, muss mit einer Zunahme des anthropogenen Treibhauseffekts gerechnet werden. Wegen der geschilderten Komplexität der verschiedenen Prozesse, die sowohl zu positiven wie auch negativen Rückkopplungen führen können, ist es schwierig, einen exakten Wert für die zu erwartende globale Erwärmung anzugeben. Entscheidend ist dabei auch nicht, **wie** sich das globale Klima ändern wird, sondern **dass** es sich ändern wird!

Wie das »Ozonloch« entsteht

Ozon ist kein sehr langlebiges Gas und wird durch das Bombardement sehr kurzwelliger aber energiereicher (man sagt deshalb auch »harte«) UV-Strahlung ständig gebildet und auch wieder zerstört. Und diese beiden Prozesse befinden sich normalerweise in einem Gleichgewicht.

Was gemeinhin als »**Ozonloch**« bezeichnet wird, ist der drastische Abfall der Ozonkonzentration zu Be-

ginn des Süd-Frühlings (September und Oktober) in 20–30 km Höhe über der Antarktis von üblichen Werten um 500 Dobson-Einheiten (DE) unter 200 DE.
(1 DE ist die Dicke der Ozonschicht, wenn alles Ozon an der Erdoberfläche zusammengedrückt würde. Dabei entsprechen 100 DE = 1 mm.)

Normalerweise ist die Stratosphäre über der Antarktis eines der an Ozon reichsten Gebiete auf der Erde. Am Ende des Süd-Sommers entsteht ein Band hoher Windgeschwindigkeit (über 200 km/h), das die antarktische Stratosphäre bei etwa 65 °S umgibt, der **Polarwirbel**. Er isoliert die kalte stratosphärische Luft von wärmerer Luft aus den tropischen Regionen. Innerhalb des Wirbels können die Temperaturen bis -85 °C fallen. Diese Kälte fördert die Bildung von **Stratosphärenwolken** und diese Eiswolken wiederum fördern chemische Prozesse zwischen Stickstoff(N)-, Wasserstoff(H)- und Chlor(Cl)-atomen, an deren Ende die Zerstörung von Ozon (O_3) steht.

1986 fand man ungewöhnlich hohe Chlor-Konzentrationen in der Stratosphäre und daraus entstand die Theorie, dass u.a. **Fluorchlorkohlenwasserstoffe (FCKW)** für die Ozonzerstörung verantwortlich waren. **Paul Crutzen** von der Universität Mainz bekam für diese Theorie 1995 zusammen mit den Amerikanern **Sherwood Rowland** und **Mario Molina** den Nobelpreis.

Den Siegeszug der FCKWs als Kühlmittel in Gefrierschränken und Klimaanlagen oder als Schäumungsmittel beim Einbau von Fenstern und Türen verdanken sie den beiden Eigenschaften:

> keine Verbindung mit anderen Stoffen einzugehen und
> eine lange Lebensdauer zwischen 70 und 110 Jahren zu haben.

Zwar wurde die Produktion von FCKWs im **Montreal-Abkommen** von 1987 stark eingeschränkt und in den meisten Industrieländern auch verboten, doch wird es voraussichtlich noch bis zum Jahr 2010 dauern, bis der Höhepunkt der Chlorkonzentration erreicht ist, da die FCKW 10–15 Jahre brauchen, um in die Stratosphäre zu gelangen.

In sehr komplizierten Prozessketten zerfallen die FCKW bei Temperaturen unter –80°C und dem Beschuss sehr kurzwelliger, aber energiereicher UV-Strahlung. Das frei werdende Chlor wirkt nun wie der Katalysator in Ihrem Auto. Das Chloratom setzt sich an ein Ozonmolekül, das daraufhin zerfällt; das Chlor wird frei, sucht sich sein nächstes Opfer, und auf diese Weise kann das Chlor 70 000 bis 100 000 Ozonmoleküle zerstören bevor es durch Reaktionen mit anderen Substanzen unschädlich wird:

(1) $Cl + O_3 = ClO + O_2$
(2) $ClO + O = Cl + O_2$ und wieder (1)

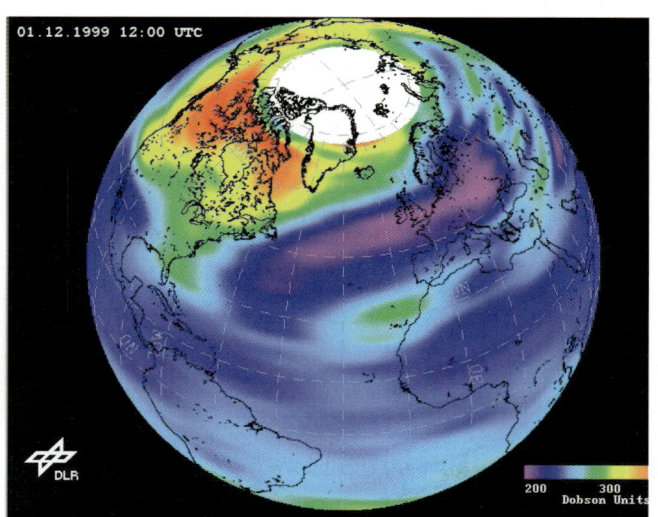

Ein wesentliches Potenzial für die Zerstörung von Ozon scheinen auch Stickoxide (NO_x) darzustellen, die u.a. von den Triebwerken der Überschallflugzeuge, etwa der **Concorde,** ausgestoßen werden, denn diese fliegen oberhalb der Tropopause in der Stratosphäre. Diese Stickoxide spielen bei den Prozessen in den Stratosphärenwolken eine bedeutende Rolle. Deshalb wird derzeit in groß angelegten Untersuchungen und Versuchen der Einfluss der Überschallflugzeuge auf die Ozonzerstörung erforscht.

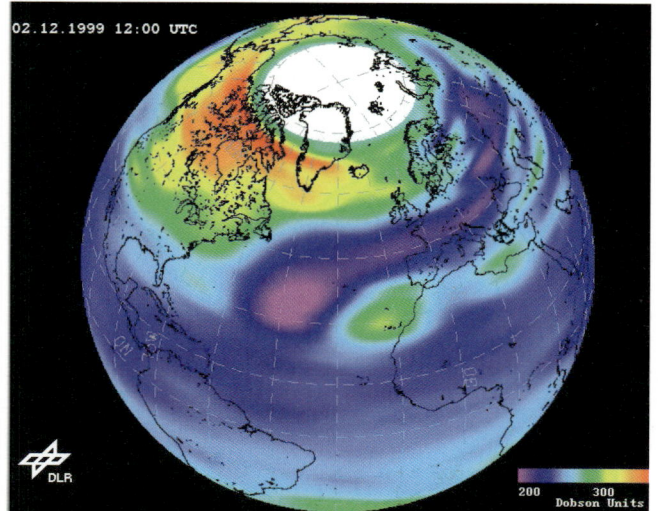

Geringe Ozonkonzentrationen (dunkelblaue und violette Fläche) über Europa am 1. und 2. Dezember 1999. Auch wenn solch niedrige Ozonwerte in unseren Breiten nur selten gemessen werden, scheint auch auf der Nordhalbkugel die Ozonkonzentration zu sinken. Man geht davon aus, dass die Ozonmenge um durchschnittlich 10% abgenommen hat.

Das paradoxe Ozon

Wie so vieles im Leben und – wie wir gesehen haben – auch beim Wetter hat **Ozon** seine zwei Seiten:

1. Das Ozon in der **Stratosphäre** schützt alle Lebewesen, indem es bei der Entstehung und Zerstörung den größten Teil der **harten UV-Strahlung** verbraucht, sodass diese nicht zur Erdoberfläche gelangt.
Die Hülle der Lebewesen hat nicht gelernt, diese energiereiche harte UV-Strahlung zu verarbeiten. Und so reagiert die Hülle **allergisch**.

Bei Pflanzen verfärben sich die Blätter und Spaltöffnungen stellen ihre Funktion ein. Bei Menschen reagieren zunächst die empfindlichsten Teile, die **Schleimhäute**. Und das ist die Bindehaut der **Augen**. Wie Sie wahrscheinlich schon den Medien entnommen haben, steigt die Zahl der Augenerkrankungen in Australien, Neuseeland, Chile und Argentinien dramatisch an. Bei stärkerer UV-Strahlung reagieren auch die nicht so empfindlichen Teile der Haut mit **Ausschlägen** bis hin zu **Hautkrebs**.

2. In unserer Umgebungsluft, der **Troposphäre**, wirkt das Ozon dagegen als **Gift**. Der zunehmende Teil der harten UV-Strahlung, der den Boden erreicht, ruft nicht nur allergische Reaktionen bei den Hüllen der Lebewesen hervor, sondern wandelt Schadstoffe wie **Kohlenmonoxid (CO)** und **Stickoxide (NO_x)**, die wir bei unseren Aktivitäten in die Atmosphäre pusten, in andere Stoffe um und dabei entsteht in den meisten Prozessen als Zwischenschritt Ozon.

Mit Ozon ist es wie mit einem hilfreichen Medikament. Wenn Sie das nach Angaben des Arztes nehmen, dann hilft es. Nehmen Sie es jedoch nach dem Motto »Viel hilft viel«, dann kann es passieren, dass Sie tot umfallen. Ozon in ganz geringen Konzentrationen regt an. Lange Zeit warben Kurorte mit dem Begriff der »Ozonreichen Waldluft«. Doch bei höheren Konzentrationen reagieren wieder die **Schleimhäute** allergisch:
- die **Augen** tränen,
- die **Nase** läuft und
- die **Bronchien** rasseln.

Was uns in diesem Jahrhundert bevorsteht

Das Problem der Meteorologen und Klimatologen ist, dass wir nicht in ein Labor gehen können, um unter allen möglichen Randbedingungen Versuche durchzuführen, bis wir endlich die Lösung gefunden haben. Unser Labor ist das komplexe System Erde – Atmosphäre; und das diktiert uns die Randbedingungen! Die zunehmende Leistungsfähigkeit der Supercomputer erlaubt uns zwar, mit immer komplizierteren Klimamodellen das globale Klimaverhalten zu simulieren, doch die letzten Geheimnisse wird uns die Natur so schnell nicht preisgeben. Vielleicht ist das auch gut so!

Ich habe im Frühjahr diesen Jahres bei der WMO in Genf die Rede des Vorsitzenden des **IPCC** (**Intergovernmental Panel on Climate Change**) gehört. Das IPCC ist ein zwischenstaatlicher Ausschuss, der von der WMO und der UNO eingesetzt wurde, um den gegenwärtigen Stand der wissenschaftlichen, technischen und ökonomischen Untersuchungen zur Klimaänderung zusammenzutragen. Der endgültige Bericht wird zwischen Januar und März 2001 fertig sein und dann sicherlich in den Medien veröffentlicht.

Auszüge aus dieser Rede sollen Ihnen deutlich machen, mit welchen Folgen wir und unsere Kinder in diesem Jahrhundert sehr wahrscheinlich rechnen müssen.

... Es gibt keine leichten Antworten auf die Folgen der Klimaänderung, des Verlustes an biologischer Vielfalt, der Abnahme und Verwüstung von Landflächen, des Rückganges von Wasserressourcen und Wäldern. All diese Folgen hängen eng zusammen mit dem Kampf gegen Armut und der Aufrechterhaltung eines wirtschaftlichen Wachstums. Und all diese Vorgänge sind miteinander verflochten ....

Lassen Sie mich ein paar Minuten darauf verwenden, Ihnen eine Zusammenfassung über den gegenwärtigen Stand der Kenntnis bezüglich der Klimaänderung zu liefern:

- Die durch Menschen eingeleitete Klimaänderung ist eine der wichtigsten Umweltfolgen, die weltweit die Gesellschaft wandeln wird.
- Während der letzten 150 Jahre haben menschliche Aktivitäten die Zusammensetzung der Atmosphäre signifikant geändert.
- Das atmosphärische CO_2 hat um 30 % zugenommen wegen der Verbrennung fossiler Brennstoffe und der Änderung der Landnutzung, hauptsächlich durch Vernichtung des tropischen Regenwaldes.
- Die Klimaänderung ist unvermeidlich; es geht nur um die Frage wie viel, wann und wo.
- Die globale Mitteltemperatur der Erde ist im letzten Jahrhundert um 0,4 °–0,8 °C gestiegen, wobei die letzten beiden Dekaden die wärmsten waren. Die 12 wärmsten Jahre liegen alle nach 1983 und das letzte Jahrhundert war das wärmste in den letzten 1000 Jahren.
- Die räumliche und zeitliche Verteilung der Niederschläge ändert sich. Während in mittleren und höheren Breiten die Niederschläge zunehmen, werden sie in den Subtropen geringer. Während Ereignisse mit heftigen Niederschlägen zunehmen, verringern sich die leichten Niederschläge.

- In den letzten Jahren wurden viele Gegenden der Welt von bedeutenden Hitzwellen, Überschwemmungen und Dürren heimgesucht, die zu beträchtlichen ökonomischen Schäden führten und viele Menschenleben kosteten. (Anm. d. Verf.: 1999 musste die Münchner Rückversicherung für Schäden durch Naturkatastrophen weit mehr bezahlen als jemals zuvor.) Während individuelle Ereignisse nicht der durch Menschen induzierten Klimaänderung zugeordnet werden können, wird vermutet, dass Häufigkeit und Stärke der Ereignisse in der wärmer werdenden Welt zunehmen.
- Gletscher gehen weltweit zurück; der Meeresspiegel stieg im letzten Jahrhundert um 10–20 cm; das arktische Eis wird dünner.
- Die beobachteten Änderungen des Erdklimas können durch natürliche Prozesse alleine nicht erklärt werden, und die wissenschaftlichen Befunde (Beobachtungen und Modelle) lassen auf einen erkennbaren menschlichen Einfluss schließen.
- Die gegenwärtigen Annahmen über Treibhausgase und Schwefeldioxid lassen vermuten, dass ohne eine wirksame globale Umweltpolitik die atmosphärischen Konzentrationen von Treibhausgasen beträchtlich zunehmen werden, während die Emissionen von Schwefeldioxid anfangs für ein oder zwei Dekaden ansteigen, dann aber beträchtlich zurückgehen werden wegen Säureablagerungen.
- Die globale mittlere Oberflächentemperatur wird voraussichtlich um 1–5 °C bis zum Jahr 2100 ansteigen, wobei sich die Landmassen stärker erwärmen werden als die Ozeane.
- Während der Niederschlag weltweit zunehmen dürfte, werden viele Trocken- und Halbtrockengebiete der Erde noch trockener.
- Der Meeresspiegel dürfte bis 2100 um 10 bis 90 cm steigen.

> Wasserressourcen, alle ökologischen Systeme, menschliche Gesundheit und Siedlungen werden durch die Klimaänderung beeinflusst:

- Trockengebiete in Afrika, im Mittleren Osten und in Südeuropa werden noch stärker unter Wassermangel leiden als heute;
- Die landwirtschaftliche Produktion in Afrika und Lateinamerika sinkt;
- Der Ausbruch von Krankheiten, wie Malaria, wird in den tropischen Ländern zunehmen;
- Mehrere 10 Millionen Menschen werden aus ihren Siedlungen in kleinen Inselstaaten und tiefliegenden Deltagebieten durch den Anstieg des Meeresspiegels vertrieben;
- Struktur und Funktion von sensiblen ökologischen Systemen, besonders Korallenriffe und Wälder, werden sich beträchtlich ändern.

> Die sozialen Kosten des Nichthandelns sind ziemlich ungewiss, liegen aber im Bereich von einigen Prozenten des jährlichen globalen Bruttosozialprodukts, wobei die Kosten in den Entwicklungsländern beträchtlich höher sein werden. Für Maßnahmen, die Klimaänderung zu vermindern, dürften die Kosten geringer sein, wenn der gesamte Bereich der technischen und politischen Möglichkeiten genutzt wird.

... Die Verweildauer von CO_2 , dem wichtigsten anthropogenen Treibhausgas, in der Atmosphäre beträgt über 100 Jahre. Wenn mit politischen Maßnahmen gewartet wird, bis alle wissenschaftlichen Unsicherheiten beseitigt sind und das CO_2 sowie die anderen Treibhausgase wirklich (zweifelsfrei) für Änderungen des Erdklimas verantwortlich gemacht werden können, so wie es alle Klimamodelle vorhersagen, dann würde es nicht Jahre oder Dekaden, sondern Jahrhunderte dauern, die vom Menschen eingeleiteten Klimaänderungen und die daraus resultierenden Umweltschäden zu beseitigen, auch wenn dann die Emissionen aller Treibhausgase begrenzt würden ...

Es wird in den nächsten Jahren und Jahrzehnten von entscheidender Bedeutung sein, wie wir mit den 3 Grundübeln unserer globalen Gesellschaft fertig werden:

> der Armut in weiten Teilen der Welt,
> dem Kinderreichtum in der 3. Welt und
> dem Luxus in den Industriestaaten.

Derzeit leben rund 3 Milliarden Menschen, das sind 50 % (!) der Menschheit, von weniger als 2$ pro Tag. 1,3 Milliarden davon müssen sogar mit weniger als einem Dollar auskommen!

Die Weltbevölkerung wächst zur Zeit in jedem Jahr um rund 85–90 Millionen Menschen. Jeder neue Erdenbürger produziert CO_2 nicht nur beim Atmen. Er muss ernährt, gekleidet, erzogen, untergebracht und transportiert werden. All das ist mit einer Produktion von CO_2 verbunden.

Die 1,2 Milliarden Menschen in den Industrienationen leben im Luxus! Ein Sozialhilfeempfänger bei uns ist eine reiche Person im Vergleich zu mehr als der Hälfte der Weltbevölkerung. Wir stellen zwar nur 22% der Weltbevölkerung, verbrauchen aber

> 85% des globalen Holzeinschlages,
> 75% aller Metallerzeugnisse und
> 66% aller Nahrungsmittel.

Erstmals in der Menschheitsgeschichte sitzen wir alle in einem Boot! Wenn wir in den Industrienationen in unserer Gier nach immer Mehr (Ansehen, Einfluss, Macht und letztendlich Geld), nicht wieder Werte wie Toleranz zum Maßstab unseres Handelns machen, werden wir die Folgen unseres unverantwortlichen Tuns am eigenen Leib erfahren!

In unserer Gier vergessen wir, dass wir in einer endlichen Welt leben und die Natur am längeren Hebel sitzt. Wenn wir keine Bescheidenheit lernen, wird die Natur den Störenfried »Mensch« in seine Schranken weisen. Und das wird sie ohne große Vorwarnung tun. Die Klimaänderung ist keine Katastrophe, wie immer wieder in den Medien postuliert wird, aber die Folgen werden katastrophal sein! Lassen wir es nicht so weit kommen! Ich möchte schließen mit dem Satz:

Global denken, lokal handeln!

Nachwort

Ich hoffe, Sie hatten Spaß beim Lesen und haben dabei etwas gespürt von diesem spannenden Geschehen, das wir gemeinhin »Wetter« nennen.

Wenn Sie neugierig geworden sind und noch mehr über Wetter und Klima erfahren wollen, dann empfehle ich Ihnen folgendes Buch: Günter D. Roth: Wetterkunde für alle. BLV Verlagsgesellschaft, München, 1999.

In diesem Buch war häufig die Rede von Kreislaufsystemen, Wechselwirkungsprozessen und Rückkopplungen. Inzwischen sind dies auch gängige Begriffe in unserem täglichen Leben geworden. Sie beschreiben die Tatsache, dass Abläufe in natürlichen Systemen nur als Zusammenwirken verschiedener Faktoren betrachtet werden dürfen.

Die Lösung der Probleme, die in unserem gesellschaftlichen Gemeinwesen auftreten, wird immer schwieriger, weil Entwicklungen und Veränderungen immer rasanter vonstatten gehen. Diesen lawinenartig anschwellenden Problemen ist unsere antiquierte Denkweise nicht gewachsen.

Unser Denkmodell beruht noch auf dem so genannten mechanistischen Weltbild. Eine geistige Revolution, die zur Zeit der Aufklärung vor gut 400 Jahren mit Namen wie Leibniz, Newton und Descartes verbunden ist. Doch so wie die Mechanik nur ein Teil der Physik ist, kann das mechanistische Weltbild nur einen Teil der real existierenden Welt erklären.

In früheren Zeiten entwickelte sich die Welt so langsam, dass die Veränderungen innerhalb eines Menschenlebens kaum ins Gewicht fielen. Die Linearität in unserem mechanistischen Weltbild ermöglichte es somit, viele Probleme durch Erfahrung zu lösen.

Immer häufiger erleiden wir heute aber mit diesem Erfahrungsschatz Schiffbruch, weil sich die Randbedingungen eben nicht mehr linear, sondern exponentiell, zum Teil auch sprunghaft ändern. Dieses Kippen von Systemen überrascht uns immer wieder, weil unser Großhirn nicht in solchen Kreislaufsystemen denken kann:

- der schwarze Freitag oder Montag an den Börsen,
- der Stau auf der Autobahn ohne ersichtlichen Grund,
- der Karrieresprung und seine Stressfolgen,
- die Wirtschaftstheorie, die plötzlich nicht mehr stimmt, das sind alles Ergebnisse ein und desselben Vorganges.

Wir müssen unserem Großhirn also Hilfsmittel an die Hand geben, mit denen es wenigstens in der Lage ist, solche Kreislaufsysteme zu simulieren. Und das sind Computerprogramme. Klima- und Wettermodelle können dabei als Vorbild dienen. Diese »Werkzeuge« müssen bei allen Entscheidungsprozessen eingesetzt werden. Nur so werden wir in der Lage sein, die Probleme in der Zukunft zu bewältigen und allmählich zu lernen, wie natürliche Systeme arbeiten und wie sie Stresssituationen meistern.

Dies aber setzt voraus, daß wir auch unsere »Software« im Großhirn austauschen. Dies wird eine gewaltige geistige Revolution, die genauso die Sicht unserer Welt verändern wird wie es damals zur Zeit der Aufklärung der Fall war!

Register

A

absolute Feuchte   35
absoluter Nullpunkt   23
Ac castellanus   41
Ac lenticularis   42
Advektion   31
Advektionsnebel   49
Albedo   27
Altocumulus (Ac)   41
Altostratus (As)   41
Aneroid-Barometer   68
Anthropogener Treibhauseffekt 119
antizyklonal   75
Astronomie   109

B

Barograph   68
Barometer   66
Bergwind   83
Blitz   45
Blutregen   60
Bodennebel   48

C

Chaos-Theorie   11
Cirrocumulus (Cc)   43
Cirrostratus (Cs)   43
Cirrus (Ci)   43
conveyor band   116
Coriolis-Kraft (CK)   72
Cu congestus   40
Cu humilis   40
Cu mediocris   40
Cumulonimbus   44
Cumulus (CU)   40

D

Dampfdruck   36
direkte Zirkulation   93
Divergenz   75
Druck   65
Druckgradient (DG)   71
Druckgradient-Kraft (DGK)   72

E

Eiskristalle   55
El Niño   114
elektromagnetische Wellen   23
Evaporation   28
Exponentialfunktion   35
Exzentrizität   111

F

Fallwinde   85
Federwolken   43
Flight Level (FL)   69
Föhn   86
Förderband   116
fühlbare Wärme   33

G

gefrierender Regen   63
gemäßigtes Klima   107
Geologie   109
geostrophischer Wind   73
Glatteis   63
globales Klima   109
globales Modell (GM)   15
Gradientwind   74
Graupel   61
Graupelschauer   61

H

Hagel   45, 60
Halo   43
Hangnebel   50
haufenförmig   38
Hochnebel   40, 49
hohe Wolken   38
Höhenmesser   68
Höhentrog   107

I

ICAO-Standard-Atmosphäre   69
Isobaren   72

J

Jahreszeiten   18
Jetstream   102

K

Kaltfront   103
katabatischer Wind   83
kleine Eiszeit   111, 112, 116
Kohlendioxid   26
Kondensationskern   53
Kondensationsniveau   37
Konduktion   28
Kontakt-Gefrieren   56
Konvektion   28, 31
Konvergenz   75
Krümmungseffekt   53

L

La Niña   114
laminare Strömung   102
Landregen   44, 59

Landwind 80
lange Wellen 103
latente Wärme 34
Lee-Welle 87
lokale Windsysteme 79
lokales Modell (LM) 15
Lösungseffekt 55
Luftdruck 66

M

Masse der Atmosphäre 94
mittelalterliches Klimaoptimum
115
mittelhohe Wolken 38
Montreal-Abkommen 119

N

natürlicher Treibhauseffekt 117
Nebel 46
negative Rückkopplung 115
Niederschlagsnebel 51
Nieselregen 40, 59
Nimbostratus 44
Nordostpassat 95
Normal Null (NN) 71
Normaldruck 71

O

Okklusion 104
Ozon 121
Ozonloch 119

P

Passatwinde 95
planetarische Grenzschicht 76
polarer Strahlstrom 102
Polarwind 119
positive Rückkopplung 115
Präzession 111

R

Regen 59
Regenwald 96
Regenschauer 59
Regionales Klima 109
Reibungskraft (RK) 75
Reibungsschicht 76
relative Feuchte 35
Rückseite eines Tiefs 103

S

Sahelzone 99
Sandstürme 89
Sättigung 34
Sättigungs-Dampfdruck 53
Savannen 99
Schäfchenwolken 41, 43
schichtförmig 38
schleierförmig 38
Schnee 61
Schneeflocke 63
Schneestern 40, 63
Seerauch 50
Seewind 80
Solarkonstante 111
Sommer 41
Sonne 17
Sonnenflecken 111
Spagetti-Methode 10
spontanes Gefrieren 56
Sprühregen 40, 59
Stabilität 87
Stationsdruck 71
Strahlung 23
Strahlungsnebel 48
Stratocumulus (Sc) 41
Stratosphärenwolken 119
Stratus 40
Subtropenhoch 97
Subtropenjet 95
Südostpassat 95
Supercomputer 9

T

Taifun 118

Talnebel 49

Talnebel 49
Talwind 83
Taupunkt 36, 46
Theorie der Plattentektonik 112
Thermikblase 31
thermische Zirkulation 79
Tief 103
Tiefdruckwirbel 103
tiefe Wolken 38
Tornado 46
Treibhauseffekt 27, 117
tropischer Regenwald 96
turbulente Strömung 102

U

unterkühlte Tröpfchen 56

V

Verdunstung 28
Virga 58
Vorderseite eines Tiefs 103

W

Wärmeleitung 28, 29
Warmfront 103
Warmsektor 103
Wasserdampf 26
Wendekreis 21
Wetterbericht 7
Wind 73
Wirbelsturm 118
Wolkenbruch 59
Wolkentröpfchen 57
Wüstengürtel 97

Z

Zentrifugalkraft (ZK) 74
Zwei-Schichten-Modell 12
Zwischenhoch 107
zyklonal 75

Bildnachweis

DLR: 9, 120
Martin Gudd: 17, 22, 32, 37, 40 (alle), 41
   (alle), 42, 43 (alle), 44, 45 o, 51, 52, 58, 59,
   60, 61, 62, 64, 78, 92, 106, 108
Friedrich Kögel: 2/3
Gerhard Ness: 1, 39 (alle), 45 u, 47, 50, 56
Stefan Neumann: 8
NOAA: 46, 116, 118
Eckard Pott: 96, 97, 99
SOHO: 16
WMO: 114
ZDF: 6

Alle oben nicht aufgeführten Grafiken:
Stefan Neumann/DesignImQuadrat

Die Deutsche Bibliothek –
CIP-Einheitsaufnahme

Ein Titeldatensatz für diese Publikation
ist bei Der Deutschen Bibliothek erhältlich.

BLV Verlagsgesellschaft mbH
München Wien Zürich
80797 München

© 2000 BLV Verlagsgesellschaft mbH, München

Umschlaggestaltung: Studio Schübel. München
Umschlagfoto: Premium Stock Photography
J. Brandenburg, Einklinker: ZDF

Lektorat: Dr. Friedrich Kögel
Herstellung: Hermann Maxant
Konzept: Parzhuber und Partner, München
Layout/Satz: Grafisches Büro Volker Fehrenbach

Druck und Bindung: Druckhaus Neue Stalling,
Oldenburg

Gedruckt auf chlorfrei gebleichtem Papier

Printed in Germany · ISBN 3-405-15945-8

Von Weltraum, Sternen, Wetterzeichen

Günter D. Roth
Sterne und Planeten erkennen und beobachten
Die kosmische Landschaft entdecken: der gesamte mit freiem Auge sichtbare nördliche und südliche Sternenhimmel mit Sternbildern, historischen und astronomischen Details, Einzelobjekten für Feldstecher und Fernrohr sowie Beobachtungshinweisen; das aktuelle Bild der Planeten und fernen Galaxien.

Arnold Hanslmeier
Gefahr von der Sonne
Die Sonne: Entstehung und Aufbau, Sonnenaktivitäten, Auswirkung auf das Erdklima; Einfluss des Weltraumwetters auf die Erde: Gefahren für die Raumfahrt, Störungen von Telekommunikation und Funkverkehr, Satellitenabstürze, Stromausfälle u.v.m.

Holger Heuseler /
Ralf Jaumann / Gerhard Neukum
Zwischen Sonne und Pluto
Die Zukunft der Raumfahrt: alle Missionen – Geschichte, Planung, aktueller Stand, Ergebnisse; extraterrestrische Einflüsse auf die Erde; Visionen für ein neues Jahrtausend mit Informationen zu künftigen Missionen, bemannten Raumstationen, Tourismus ins All usw.

Günter D. Roth
Wetterkunde für alle
Alles über die Kräfte, die das Wetter machen, über Wetterkarten, typische Großwetterlagen in Europa, Ozonloch und Treibhauseffekt, Wetterdienste und -vorhersagen, Wolkenarten, Windstärken usw.

Bernhard Michels
Der immerwährende, ganzheitliche Natur- und Wetterkalender
Für die eigene Wettervorhersage: der immerwährende Kalender mit allen wichtigen Informationen zu den Wetterzeichen, Wetterregeln und dem Einfluss des Wetters auf das Leben der Menschen.

Walter Sönning / Claus G. Keidel
Wolkenbilder, Wettervorhersage
Wetterelemente und -geschehen, Wolkenbilder und Wettererscheinungen; Interpretation von Wetterkarten, Satellitenfotos und Wetterzeichen; Tipps für Wanderer, Segler und Flieger.

Im BLV Verlag finden Sie Bücher zu den Themen: Garten und Zimmerpflanzen • Natur • Heimtiere • Jagd und Angeln • Pferde und Reiten • Sport und Fitness • Wandern und Alpinismus • Essen und Trinken

Ausführliche Informationen erhalten Sie bei:

**BLV Verlagsgesellschaft mbH • Postfach 40 03 20 • 80703 München
Tel. 089 / 127 05-0 • Fax 089 / 127 05-543 • http://www.blv.de**